教養は「事典」で磨け

ネットではできない「知の技法」

成毛眞

光文社新書
768

教養は「事典」で磨け

ネットではできない「知の技法」

成毛眞

光文社新書

はじめに

「私の辞書に不可能という言葉はない」と、かのナポレオン・ボナパルトは言ったという。私には不可能なことなど存在しない、なんでも思い通りにしてやるという万能感を表現したかったのだろうが、実際に「不可能」という項目のない辞書を持っていたら、あるいは、この一言を言うためだけに誰かに作らせていたら、ナポレオンは歴史に名を残している以上に大人物だったと思う。「私の愛読書」でも「私の日記」でもなく「私の辞書」であるところが、握っていた権力の大きさを髣髴《ほうふつ》とさせる。ナポレオンにとっても、辞書は特別な書物であったということだろう。

その特別な印象は、21世紀日本の書店でも感じられる。その内容にかかわらず、事典・辞書は特別コーナーに置かれていることが多いからだ。

しかしボクは、事典も辞書も一般書のように読めばいいいと思う。

「字引学問」という言葉がある。深くは知らない分野のことであり、字引つまり辞書を引いて身につけた程度の学問といったところだろう。

もしも我々が何かの分野の専門家であり、その分野について字引学問程度の知識や理解しか持ち合わせていなかったらそれは大事だ。もはや専門家ではない。しかし、人間は、世の中のたいていのことについて素人である。すべての分野の専門家になることは、ナポレオンであったとしても不可能であろう。

そこで我々には、2つの選択肢がある。知らない分野についてまったく知らないままでいるか、あるいは、字引学問程度の知識でも身につけるかだ。どちらがいいかは、ここで明示するまでもないだろう。ボクなら間違いなく、後者を選ぶ。ある分野の素人には、その分野を学んでいく過程を楽しむ権利があるのである。この権利は、もうその分野の専門家になってしまった人には、行使できない。

では、どこからその過程を歩み始めるのか。その道に詳しい人の話を聞くのでも、専門書を読むのでもいいだろう。しかし、案外、簡単で挫折せずにすむのは事典や辞書を読むことだと思う。どこから何度読んでもいいように作られているし、それに何より、そこに一冊あるだけで、いつかその分野に挑戦するのだという気持ちを奮い立たせてくれるからだ。

そう思って、ボクはこれまで幾多の事典・辞書を読んできた。ただ、いい事典や辞書をまとめた、事典や辞書の事典がないのが気になっていたので、今回、作ってみようと思いたった。

目次

編集協力／片瀬京子
章扉・第2章デザイン／株式会社ウエイド
章扉・第2章写真／岡田こずえ

第1章 最高の教養本は「事典」である

辞書・辞典・事典・図鑑、その定義

この本は、辞書・辞典・事典・図鑑を読むことをすすめる本である。

日本で義務教育を受けてきた人にとって、人生で最初に触れた辞書は国語辞書ではないだろうか。もう記憶は曖昧だが、ボクも小学生のときに授業で使った覚えがある。次は中学生になってからの英和・和英辞典だ。

事典や図鑑は、学校へ通うようになる前から手元にあった。何も昔話がしたいのではない。それだけボクにとって、辞書や辞典、事典や図鑑は身近な存在だったと言いたいのだ。ところが、大学受験が終わるとこの類《たぐい》の本は周囲から急速に消えていく。授業や試験のためにそれを引いたり調べたりする必要が激減するからだ。

しかし辞書は、生涯を通じて読むべき本である。

辞書は未知の塊《かたまり》だ。どれだけ記憶力に自信がある人も、クイズ研究会で鳴らした過去のある人も、辞書に書かれていることをすべて暗記はしていないはずだ。だから、昔から手元にある辞書であっても今なお、ページを開けば新鮮に感じる。それは、通して読んでいないからだ。

「辞書」とは「辞典」とは、「事典」とは「図鑑」とは――？　その定義は、それこそ辞書を引けば書いてある。

ざっと、こんな具合である。

［辞書］　ことばをたくさん集めて一定の規準で整理（分類）し、発音・意味・用法などを説明した本。

［辞典］　辞書。ことばてん。

［事典］　もの・ことがらの説明をした本。ことてん。

［図鑑］　同類のものを集め、写真や絵でわかりやすく説明した本。

以上、『三省堂国語辞典』（三省堂）の第六版より引用。同じ出版社の辞典でも『新明解国語辞典』の第七版ではこうなっている。

［辞書］　ある観点に基づいて選ばれた単語（に準ずる言葉）を、一般の人が検索しやす

い順序に並べて、その発音・表記・意義・用法などを書いた本。

〔辞典〕「辞書」の改まった言い方。

〔事典〕「百科事典」の略。

〔百科事典〕宇宙間のすべての事柄について、項目に分けて説明した辞書体の本。エンサイクロペディア。

〔図鑑〕同類の物の違いをすぐ識別出来るように、写真や絵を集めて説明した本。


しかし私の定義を言えば、辞書・辞典・事典・図鑑とは、世の中の人は引いたり調べたりするものだと思っているが、その実、読むと面白い本のことだ。本書では辞書・辞典・事典・図鑑をまとめて、「事典」と表記する。特定の本を指すときなど、場合によっては「辞典」や「図鑑」といったように具体的に示す場合もあるが、こうした類の本をひとまとまりで呼ぶのに、「事典」こそが最も広義であるように感じるからである。

事典は読むものだ

ボクは幼い頃、百科事典を読んでいた。引くのではなく、文字通り読んでいた。「あ」から順に読み「ん」までたどり着いたら、また「あ」に戻った。そうして、五十音順以外にはルールのない状態で並べられているものを楽しく読んでいた。

そうやって見つけた言葉のひとつに「クリスマスツリー」がある。おそらく、百科事典や国語辞典でクリスマスツリーの意味を調べる人はいないだろう。調べるまでもなく、あ、あれね。とわかるからだ。

しかし、五十音順に眺めていて目に留まったクリスマスツリーの項目は、12月になって飾られるもみの木ではなく、石油掘削に使うリグ（やぐら）について説明していた。プロはそのリグをクリスマスツリーと呼ぶのだ。

グーグルでこれを知ろうと思ったら、検索窓にはクリスマスツリーに並べて「掘削」とか「リグ」とかいった言葉を入力する必要があるだろう。しかし、リグをクリスマスツリーと呼ぶと知らない人に、「掘削」や「リグ」というキーワードは思い浮かばない。つまり、グーグル先生はキーワードを持たない人には何も教えてくれないのだ。

一方、事典を読むのにキーワードはいらない。適当にページを開けば、そこに必ず何かが記載されている。そのページをたまたま開いたという偶然が、未知を既知に変える。だから事典は素晴らしいのである。

事典は、引くものではなく読むもの。クリスマスツリーに出合ったときから、ボクはそう確信している。

グーグル先生は力不足

検索エンジングーグルは非常に便利な存在だ。適切なキーワードさえ入力すれば、思い出そうとしても思い出せない固有名詞、曖昧《あいまい》な記憶しか持ち合わせない歴史上の出来事、昨日見たテレビ番組のタイトルなどを、瞬時に「これのことですよね?」とピックアップしてくる。さらにウィキペディアに飛べば、調べたもののことをわかったような気になる。

だからグーグルのことを「グーグル先生」と擬人化する人がいるのは理解できる。グーグル先生は落語に出てくる横町のご隠居よろしく、聞いたらなんでも答えてくれる博学の人なのだ。

しかし、グーグル先生と横町のご隠居はちょいと違う。横町のご隠居は、こちらが尋ねた以上のことを教えてくれることがある。そういう質問をするのなら、こういうことにも興味があるだろうから教えてやろうと、気を利かせてくれるのである。だから、グーグル先生はまだ横町のご隠居に勝てていない。

ただ、これは時間の問題だろう。そのうちグーグルにもリコメンド機能がついて「これについても調べませんか」などとサジェストしてくるようになるに違いない。すると、横町のご隠居の脳は、ペタバイト級のハードディスクにあっさりと負けることになる。

では、グーグル先生さえ近くにいれば知的生活に不自由しないかというと、そんなことはない。グーグル先生は、聞いたこと、聞いたことと関係のありそうなことしか教えてくれない。たとえば、枕草子に出てくる雪の鑑賞の仕方を探したら、ついでに鉄鋼のつくり方が提示されてきた――というようなことは、99パーセントありえない。

その雪の愛《め》で方は、枕草子の第２９９段の「『少納言よ香炉峰の雪いかならん』と仰せらるれば御格子上げさせて御簾を高く上げたれば笑はせ給ふ」というもので、白居易の七言律詩「香炉峯下／新卜山居／草堂初成／偶題東壁」の一節「香炉峰雪撥簾看」を下敷きにしたものである。ここまでは、ネット上でも知ることはできるだろう。しかし、「香炉峰」と同じくコウロホウという読み方をする言葉に「高炉法」があり、それが電炉法と並ぶ鉄鋼のつくり方であるとは、示してくれない。

ところが、これをあっさりとやってのけるメディアがある。それが事典である。ものにもよるが、事典でコウロホウを調べると、高炉法と香炉峰が並んでいることがあり得る。枕草子を調べそれから香炉峰を調べたついでに、五十音順で隣にある高炉法を挟んで電炉法にまでたどり着く可能性があるのだ。

この「ついでに」を生み出すから、事典は素晴らしい。項目を読む目が、ページをめくる手が勝手に寄り道をしはじめ、知的好奇心のほこ先が、古典文学からいつのまにか科学技術に移っているのである。

本は読めなくても事典は読める

事典は、疲れたときに読む本として最適である。

ボクは読書が好きだが、四六時中本を読んでいるわけではない。忙しかったり眠かったりすると、読書は思うように進まない。この理由は直接的には、長い文章に頭がついていかないということだ。こういうときでも、短い文章ならさらさらと読める。疲れた胃が脂っこいものを受け付けなくても、お茶漬けなら食べられるのに近い。

この点、事典はひとつの項目が短く完結している。数十文字だけ読んでも意味がわかる。説明が長かったり興味が持てなかったりする項目は飛ばしても、理解を妨げることはない。言ってみれば一般の書籍は長文のブログで、事典はツイッターである。構えずに眺めていればするすると中身が頭に入ってきて、そして出ていく。この循環は案外と快適で、繰り返しているうちにその内容を覚えてしまうこともある。これが教養となって頭の中に蓄積されていくのである。

また、小刻みな知のインプットが刺激となって、元気が出てくることもある。本を読む気力が失われていると感じたら、事典を読むことでウォーミングアップをするのもひとつの手だ。

さらに、広く浅く小さな知識を仕入れていくと、ものごとを俯瞰《ふかん》して捉《とら》えることができるようになってくる。

ひとつの物語に狭く深くのめり込むと、それはそれで楽しいのだが、近視眼的になりがちだ。一方、雑多な知識をつまみ食いしていると視野が広がり、それに伴って楽しみの幅も広がっていく。

そのためボクは、何かに集中しすぎているときや気分転換が必要なときには、事典を開くことにしている。そこにある多様性が、自分が取り組んでいることの小ささを気づかせ、大きなことを考えるきっかけを与えてくれるからだ。

ウィキペディアは間違っている

ボクはかつて、マイクロソフトという会社で働いていた。マイクロソフトというと、ウィンドウズやワード、エクセルを思い浮かべる人も多いだろう。むべなるかなだが、1997年から10年以上、「エンカルタ」という電子百科事典を提供していた時期がある。

当初はCD-ROMやDVD-ROM、後にはオンラインで提供していたこの百科事典だが、それと入れ替わるようにして存在力を増したのが、ウィキペディアである。今さらウィキペディアについて説明は要らないだろう。誰もがネットで無料で使える百科事典だ。グーグルで何かの固有名詞を検索してみると、真っ先に上がってくるのがウィキペディアのページであることも珍しくない。

ただ残念ながら、ウィキペディアには偏りがある。玄人はだしの微に入り細をうがった解説もあるが、項目すらないものもある。ネット関連の項目は妙に詳しいが、たとえば明治期の浄瑠璃の流派のことを調べようとすると、明らかに記述が不足している。これでは百科事典とは言えない。

また、ウィキペディアには間違いがある。もちろん、紙の事典にも間違いはある。18世紀イギリスの政治家、サミュエル・ジョンソンは、「辞書は時計のようなもの。いい加減な辞書ならないほうがいいし、最良の辞書でも完璧は期待できない」と言っているが、間違いが印刷されて世に出る確率と、ウィキペディアに間違いが記載される確率とでは、明らかに前者のほうが低い。紙の辞書をつくるプロセスについては飯間浩明さんの『辞書を編む』（光文社新書）などに詳しいが、一冊の辞書は、かなり長くの時間をかけて、多くの専門家の手と度重なるチェックを経て出版される。ふつうの本だと、校正刷り（ゲラ）を出すのはせいぜい2～3回だが、辞書は4回も5回も校正刷りを出し、入念なチェックを行うのだ。何人もの目を通し、間違いは徹底的に排除されるようにつくられている。

集合知たるウィキペディアは大変結構で、ボクもちょっとした調べものをするときには重宝しているが、その実態は有象無象であることを意識しておかないと危険だ。だからこそ、ネット時代であっても事典はなくならないし、子ども向けの百科事典も現役なのだ。

事典には編者の個性がにじみ出る

辞典に載る各項目の解説、とりわけ用例（実際の例のこと）に、編者の人となりがにじみ出ている。このことは、最近では佐々木健一さんの『辞書になった男 ケンボー先生と山田先生』（文藝春秋）、古くは赤瀬川原平さんの『新解さんの謎』（文春文庫）、その赤瀬川さんの担当編集者だった夏石鈴子さんの『新解さん』シリーズ（『新解さんの読み方』『新解さんリターンズ』）で書き尽くされている。とりわけ語釈がユニークだと辞書ファンから愛されているものに、「新解さん」の愛称で知られている三省堂の『新明解国語辞典』があるが、もちろんそれだけではない。ほかの辞書にも、しっかりと人間性が感じられる。芸人でありながら辞書マニアのサンキュータツオさんが書いた『学校では教えてくれない！国語辞典の遊び方』（角川学芸出版）では、各出版社から出されている国語辞典の特徴を擬人化して解説しており、実にどの国語辞典も個性を備えていることに気づかせてくれる。

しかも、前の項で触れたように、正しいこと、間違っていない情報をベースにして、編者の人間性が加わっているので、読んでいて非常に面白い。「冷静に書いているが、本当はこの俗語のことは嫌いなんだろうな」とか「どうしてもこの言葉に対する愛が、隠し切れずに溢《あふ》れ出しているな」など、行間が読めすぎてしまって困ることもある。

あえて有名な新明解国語辞典から例を引けば、[桜] には〈一面に美しく咲く〉と、あえて「美しい」という主観的な言葉が使われているし、[悪妻] は〈第三者から「わるいつま」と目される女性。〔当の夫は案外 気にしないことが多い〕〉と、わざわざ驚くべき注釈が加えられている。一般の人には到達しがたい境地を意味する [奥の院] の用例を〈科学の奥の院〉としているのには、編者はボクと同じようにサイエンス好きなのだろうかと深読みしたくなってしまう。

しかしこれも、編者との心地よい会話である。目くじらを立てることなく、自分だったらどう書くか、また、別の誰かならどう書くかを想像して読むのも一興である。

事典は案外古びない

一般書籍と比べると、事典は厚いし重いし、そして高い。しかし、一般書籍にはない魅力がある。それは、なかなか中身が古くならないということだ。

週刊誌は1週間経《た》ったら、月刊誌は1カ月経ったら、中身が陳腐化していく。ニュースを扱っているからでもあり、すぐに次の号が発行されるからでもある。

その点で事典は、ニュース性は低いし、つくるのに時間がかかるのですぐに続編が出ることがなく、その結果、賞味期限が長くなる。中学や高校の3年間で英語辞典を買い換えずに済んだのもこれが理由だ。

だから、買うときには多少高くても、末永く利用できる。

また、一般書籍と違って、版を重ねることが多いのも事典の特徴だ。たとえば2015年現在、書店に並んでいる『広辞苑』は第六版だ。初版はボクの生まれた昭和30（1955）年に発行された。第二版はアポロ11号が月に到達した昭和44（1969）年に、第三版は東京ディズニーランドがオープンした昭和58（1983）年に、第四版は湾岸戦争が勃発した平成３（１９９１）年に、第五版はウィンドウズ98と初代ｉＭａｃが発売された平成10（１９９８）年に、最新版の第六版はバラク・オバマが米大統領になる前年の平成20（２００８）年に発行された。ざっと10年に一度改訂されているといった具合である。

最新の第六版でも7年前のものになるが、使っていて古さは感じない。おそらく、第五版でもそうだろうと思う。一般の書籍なら発行から17年も経てばかなり古い印象を受けるし、そもそも書店からは姿を消していることが多いが、事典は特別なのである。

古くなったら古くなったで、また別の楽しみ方がある。かなり古い事典を読むのは歴史書をひもとくのに似ていて、こんな言葉や用例があったのかと知って驚くことも、確かにこういう言葉があったなと懐かしくなることもある。これが一般書だと古くさく感じられるだけだが、古い事典には、その時点での読み手にとっての新旧が混在しているので、メリハリがあって読み応えがある。第2章で紹介する事典には、もう絶版となっているものもあるが、その意味でもあえて取り上げた次第だ。

知らない分野こそ事典を読むべき

昨今はあらゆる分野に入門書が存在する。ドローンの取り扱い方にもペン習字にも、トマトの育て方にも、初心者に対する手引きとなる書が用意されているのだ。ただ、こういった本は、すべてがそうとは言わないが、使い方や手順は丁寧に解説されている一方で、ドローンだけでなく最近の情報技術、ペン習字だけでなく書道全般、トマトだけでなく園芸全体について知りたい人にとっては、力不足の面が否めないのだ。つまり、入門書を読んでも初心者には世界観が把握できないのである。

では、その世界観を理解するには何を読んだらいいのか。答えは、その分野の事典である。事典はその分野を網羅するように編纂《へんさん》されているので、読み通せば全体感がわかる。また、各項目が独立していて一部分を読んでもわかるようになっているので、自ずと、重要な文言が繰り返し登場する。その様を見るだけで、この分野では何が大事なのかがわかってくるのである。

仕事などでまったく新しい分野の勉強が必要になった場合には、その分野の事典を読むといい。それも、簡単に読み通せるような薄くてコンパクトな事典がいい。何度も読むことで、全体像の骨格を頭の中に構築できる。それができたら、少し厚めの事典や一般書籍を読んで、骨格に肉付けをしていけばいい。

そもそも、辞書・辞典・事典・図鑑などを名乗る本の中には、わざわざ辞書・辞典・事典・図鑑と名乗る必要のない本もある。索引もなければ、明確なルールに沿った見出し順がないものもある。『～入門』『～の世界』などといったタイトルでも良さそうなのに、あえて辞書・辞典・事典・図鑑としているものが見受けられるのだ。ここには、これでこの分野を浅く広く網羅したいというつくり手の意気込みのようなものが感じられる。また、その体裁を大いに利用して面白おかしく、つまり、読みやすく仕立てているものもある。これが初心者にはありがたいのである。

いい事典・悪い事典の見分け方

いい事典と悪い事典の見分け方は簡単だ。読んで面白ければ、それはいい事典と言える。これに尽きるのだが、事典には読むほかに「引く」という使い方もある。それを考えると、事典には索引があったほうがいい。一般書籍でも索引があれば辞書的に使えるし、索引がない事典は読んで楽しむほかに使い道がない。なので、まずは索引の有無を確かめる。五十音順、画数順、時代順、頻度順など、索引ひとつとっても実にバラエティに富んでいる。索引は多いほうが読んでいて楽しいが、自分がつくる側に回ったと想像すると、それだけでぞっとする。

用例は豊かなほうがいい。

言葉には、認知語と機能語とがある。知っているけれど使えないのが認知語、知っていて使えるのが機能語である。どれだけ多くの認知語を持っていても、機能語が不足していては宝の持ち腐れだ。認知語を機能語に変えるには、多くの用例を見て、自分で使ってみるしかない。

サイズは大きいほうがいい。

事典にはほぼ同じ内容で、大型版と小型版があることがある。小型版はコンパクト版、普及版、机上版など名称はさまざまだが、要するに、もともとのものよりサイズが小さくなっている。コンパクトになっているだけあって価格はオリジナルより安いのだが、事情が許すならオリジナルサイズを買ったほうがいい。小型化する際に、内容が割愛されたりデザインに無理が生じたりすることも考えられるからだ。学生の頃は、授業でも宿題でも使うので辞書を持ち歩く必要があったが、大人が教養書として読む事典は家の中に置いたままにしておける。小型である必要はない。

スピンはできれば２本欲しい。

スピンとは、紐状のしおりのことだ。これがない事典も、また、１本だけついている事典もある。しかし、２本あったほうが断然いい。その理由は、ある言葉と別の言葉にリンクを貼りやすくなるからだ。ある言葉について調べていて、関連する言葉が気になったとする。今開いているページにスピンを１本挟み、気になった言葉のページをめくる。すると、最初の言葉と今の言葉との間に、頭の中でリンクが貼られる。このリンクにより、ひとつの言葉だけを見ていたときには気づかなかった関連性に気づいたり、思わぬアイデアが生まれたりすることがある。点が線になったと考えればいいだろう。

そこで、もうひとつリンクを貼れたらどうなるか。線は面となって、新たな発想をもたらす可能性がある。そしてこのとき活躍するのは、２本目のスピン。発想を点から面に展開したければ、スピンは２本必要なのである。

点を線に、それを面に広げていく作業は、事典の読み手の仕事である。なので、項目は五十音順、またはアルファベット順に、語順以外になんの意味も持たない順序で並んでいるのがいい。そうでなければ、たまたま隣同士にある項目にリンクを見出したり、わざわざページを繰ってリンクを貼ったりする余地がないからだ。

事典の構造でもうひとつ言うと、あるページを開いたまま置いておける事典はいい事典である。なかには分厚すぎて、重しをしたり手で圧力をかけておいたりしないと閉じてしまうものがあるが、これでは不便だ。事典はたいてい大きくて重いので、一般書籍のように伏せて置くのも都合が悪い。開いたまま置いておけるかどうかは、使い勝手に大きな差をつけるし、そうなるように製本上の工夫がされているだろうと思われる事典もある。

また、挿絵が多いのはいい事典である。事典はたいていのことを言葉で説明しようとするが、どうしても説明しきれないものや、絵や図版で説明したほうが早いものもある。このときに、柔軟に絵や図版を使っている事典は、いい事典といえる。挿絵や図版が主役で、言葉がほとんどない事典があってもいいくらいだ。もっともそれは、図鑑という名ですでに存在している。

大人こそ図鑑を読むべき理由

図鑑は子どもが何かを調べるときに使うもの——もしもこんな思い込みを持っているなら、さっさと捨てるべきだ。図鑑こそ、大人が見るべき本である。

大人になると、ビジュアルからいろいろなものを読み取れるようになる。子どもの頃に見ていた絵や写真、動画を大人になってから見ると、子どもの頃とは違った感慨を得られるのは誰もが経験していることだろう。それは、見る側がさまざまな経験をし、成長したからである。

また、大人はこれまでの人生で散々、言葉に騙されてきている。美辞麗句で飾り立てられていたものを実際に見てみたらガッカリしたという経験も、これまた誰もがしているだろう。だから、ビジュアルでわかるものならば、言葉を尽されるよりは絵を見せてくれという願望を、大人は持っているのではないかと思う。それに応えてくれるのが図鑑だ。読むのではなく見てわかりたいという欲求を満たしてくれる。

そして、矛盾するようだが、見ただけではわからない部分を残してもくれている。

図鑑に載っている絵や写真は、一方向から見たものである。実物を見るように360度から観察することはできない。それがかえって想像力をかき立てる。一方で、現物を外から見てもわからないもの、たとえば人体や機械の内部の様子が解き明かされていることもある。これも、「これがこうなら、あれはああなっているのかな」と想像力を刺激する。

この観点でいうと、絵本や美術作品集も一種の図鑑ではないだろうか。ストーリーを楽しませるのではなく、何かの仕組みや構造を子ども向けに説明した絵本はとてもわかりやすい図鑑といえるし、美術作品集も、その作家やテーマについての図鑑と捉えることができる。

絵や写真の美しい図鑑は、ページを切り取って額装すれば十分にインテリアになるのだから、その逆もまた、真である。だからボクの自宅には、子どもが成人して何年も経っているにもかかわらず新しい絵本があるし、ぱらぱらと眺めるための美術作品集がある。美術作品集というと高額な印象を持つかもしれないが、タッシェンというドイツのアート系出版社のものは、案外と手ごろな価格である。もしもどちらも持っていないようなら、まずは一冊、買ってみることをおすすめする。自宅に、すぐに何かに役に立つわけではない絵本や美術作品集があるというだけで、心穏やかになれるはずだ。第2章の「飾れる事典」に、そういった本をいくつか紹介する。

また、図鑑を読み、絵や写真を見る習慣がつくと、ふとしたときに目に入るビジュアルに騙されることが少なくなる。つまり、偽物を見抜く力が養われるのだ。大人が図鑑を読むべきなのは、それがストレス・レスだからでもあり、生き抜くためのトレーニングになるからでもある。

ちなみに、絵の多い本には漫画もあるが、これは物語ありきだし、そこまでいくと通俗的に過ぎる。したがって事典は、本と漫画のあいだに位置する最高の教養本だと、ボクは考えている。

図鑑は本棚に入れなくていい

大人にとって欠かせない教養書のひとつである図鑑は、家の中ではあまり歓迎される存在ではない。その理由は大きいからだ。通常のハードカバーの書籍を並べている棚には入らないことが多い。置く場所がないから買わないという悪循環を生んでいるのである。

であれば、置く場所をつくってやればいい。

大型本を多く扱う欧州の書店や出版社の中には、それ用の書見台も扱うところが少なくない。書見台といってもデスクトップパソコンの横で書類を保持するような簡易的なものではなく、床置きを前提とした、聖書やコーランなど、分厚いことが当たり前の本でもしっかりと支えられるものである。狭小な日本の家でも、一家に一台この書見台があれば置き場所問題は解決する。

とはいえ、いきなり書見台を買うのには抵抗があるだろう。それならば、コーヒーテーブルの導入をすすめたい。

これはカフェに置かれているような、ソファの横にあると便利な小振りのテーブルのことだ。図鑑はここに積んでおけばいいのである。実際にホテルのラウンジなどで、この手のテーブルの上に大判の写真集などが積まれているのを見たことがある人もいるだろう。あのイメージだ。

一番上に置いた図鑑は、どこかのページを開いたままにしておくと、自然とその中身が目と頭に入る。このとき図鑑は本ではなく、インテリアとなり絵画となる。一番上に置く図鑑や開くページは、ダイニングテーブルに飾る花を替えるように変化させれば、飽きがくることもない。

コーヒーテーブルをひとつ買うと図鑑の居場所が生まれるので、それを買うことを躊躇《ちゅうちょ》しなくて済むようになる。

事典を贈る人になろう

ボクは書評サイトを運営しているが、実際のところ、本をすすめるのは簡単でないと思っている。普段からコミュニケーションを交わしているよく知った相手になら「この本がいいかな」と当たりを付けることができるが、そこまで深く知らない人についてはそれが難しい。いっそ対象が、不特定多数であったほうがいい。

その、まったく知らないわけでもない、そして、とてもよく知っているわけでもない人に贈るのにふさわしい本が、実は事典や図鑑である。その理由は2つある。

まず、事典や図鑑は事実を並べたものが大半なので、そこにはさほどオピニオンがない。ノンフィクションや小説の場合、贈る側と贈られる側に思想信条の違いがあると、その贈答は不幸を生む。そもそも本が好きでない相手の場合、説教好きで押しつけがましいと思われるかもしれない。写真集やアートブックの場合は、趣味の違いが浮き彫りになるという悲劇が起こりうる。独りよがりで思いやりのない人だと思われるかもしれない。しかし、事典や図鑑ならその心配がない。それをどう鑑賞するかは、贈られた側に完全に委ねられるからだ。それに、事典や図鑑は一般の書籍よりもかしこまっている。これは、箱入りの菓子と袋入りの菓子との違いに似ている。大事なのは、事典や図鑑というパッケージと、一般の書籍よりも少し高めの価格設定。これがプレゼント気分を高めてくれる。

昔から、国語辞典や英和・和英辞典は進学の際の贈り物の定番だ。でも、子どもが本当に喜ぶのは、こういった勉強のための辞典ではなく、見て楽しい事典・図鑑のはず。大人にも子どもにも、事典や図鑑を贈る人になろう。

文庫や新書の事典は並べることに意味がある

百科事典の魅力はそこに詰まった未知だけでなく、同じデザイン、同じサイズのものをずらりと並べられるところにもある。文学全集にもディアゴスティーニにも、コレクションするという楽しさがあるのだ。

その楽しさを、適度なスペースで与えてくれるのが、文庫や新書サイズの事典である。案外と、このサイズの事典は多い。ボクは事典のサイズは大きければ大きいほどいいと考えているが、小さいものにもそれなりの面白みがあるとも感じている。事典なので、薄くて軽いのが当たり前の文庫や新書のなかにあって、ずっしりとした厚みがあるのもそこはかとなく嬉しいものだ。

具体的には、ちくま学芸文庫や講談社学術文庫に興味深いものが多い。第2章でもごく一部を取り上げているが、それ以外のものをざっと紹介するとこんな感じになる。

【文庫】

『雨のことば辞典』倉嶋厚・原田稔、講談社学術文庫
『江戸語の辞典』前田勇、講談社学術文庫
『川の地図辞典』菅原健二、フィールド・スタディ文庫
『幻獣辞典』ホルヘ・ルイス・ボルヘス、河出文庫
『西洋文学事典』桑原武夫・黒田憲治・多田道太郎、ちくま学芸文庫
『世界ことわざ名言辞典』モーリス・マルー（編）、田辺貞之助（監修）、島津智（訳）、講談社学術文庫
『婦人家庭百科辞典（上・下）』三省堂百科辞書編集部、ちくま学芸文庫

『明治東京風俗語事典』正岡容、ちくま学芸文庫

【新書】

『悪の引用句辞典　マキアヴェリ、シェイクスピア、吉本隆明かく語りき』鹿島茂、中公新書

『お経の基本がわかる小事典』松濤弘道、ＰＨＰ新書

『同い年事典―1900～2008―』黒川祥子、新潮新書

『毒草・薬草事典』船山信次、Ｓｉ新書

『スキマの植物図鑑』塚谷裕一、中公新書

『図解・よくわかる単位の事典』星田直彦、メディアファクトリー新書

『ほろ酔い文学事典 作家が描いた酒の情景』重金敦之、朝日新書

これらを集めることで、自分だけの小さな百科事典が完成する。本棚の一角に、文庫や新書でオリジナルの百科事典コーナーを設けてはどうだろうか。大きなものに比べると価格が手ごろで集めやすく、コレクションの入門としても最適だ。もちろん、デスクの隅に置いて

ハンドブックとして使うのにも便利なサイズである。

なりたい自分を事典に探せ

以前、『本棚にもルールがある』（ダイヤモンド社、2014年）という本を書いたことがある。そこにも書いたことなのだが、ボクは本棚を、自分の「外部記憶装置」として使っている。

本棚は読んだ本を並べておく場所だが、では、そこに並んでいる本の内容がすべて頭に入っているかというと、決して、断じて、絶対に、ない。本とは、読んだそばからその内容を忘れていくものだからだ。だからこそ、本棚に保管しておくのである。何かの折に「そういえば、本で読んだことがある」と思い出したら、本棚の前に立ってその本を探し出し、該当の記述をみつける。「本棚が外部記憶装置」とは、こういう意味だ。

ただ、ここに時間軸を持ち込んで考えると、本棚は将来の理想の自分を映す鏡に変わる。

多くの人の本棚には、すでに読んだ本だけでなく、「今日から読む本」「時間ができたら読む本」「そのうち読む本」「老後の楽しみに読む本」などがあることと思う。〝積ん読〟になっている本もあるだろう。ボクはそれを否定しない。むしろ礼賛する側だ。

いつか読む本は、将来なりたい自分そのものだ。だからそれを身近に置いて、ときおりぱらぱらとめくることは、理想の自分を確かめる行為である。すると本棚は、なりたい自分の集積場であり、将来の自分を映す鏡でもある。そこに事典があってはならない理由はないし、あったほうがいい。

何度か書いたように、事典や図鑑には入門書として優れたものがたくさんある。ずっと苦手だったけれどいつか克服したい分野、人によってそれは数学や哲学、経済かもしれないが、何でもかまわない。いつか好きになりたい分野があれば、その分野の入門書になりそうな事典・図鑑を一冊は買っておきたい。そして時々、手に取るのである。

楽しく事典を読み、図鑑を見るために

書店へ行くと言語の辞書は辞書コーナーに、事典や図鑑はそのコーナーがあればそこに、なければ各専門書の棚に分散して置かれている。そこからぜひいい事典・いい図鑑を探し出して読んでほしい。

とはいえ、書店に行っていい事典を探す時間がない人もいるだろうから、この本ではボクの手元にあった事典や図鑑、２０１５年になって新たに書店で買い求めたものの中から56冊選んで紹介する。ここには、一般的な国語辞典や漢和字典、英和・和英辞典は含まない。これを取り上げようとしたら、ページがどれだけあっても足りないからだ。事典のイメージを破るようなものを中心に取り上げている。発行から時間が経って買いにくくなっているもの、高額なものも中にはあるが、面白いことは間違いがない。また、文庫判から超大型本まで判型がさまざまなのもこのジャンルの特徴だろう。そのことを実感していただけるよう、一冊ごとに新書と比較したサイズを入れてある。

なお、買い求めた事典や図鑑をすぐに読み通す必要はない。大人には、提出すべき宿題も合格しなければならない試験もないのだから、日々の楽しみとして読めばいい。むしろこれといった目的を持たずにぼんやりと読み見るのが、事典や図鑑の本当の楽しい見方なのである。

第2章　面白い辞典・事典・図鑑

『世界民族百科事典』

国立民族学博物館（編）

フィールドワークのスペシャリストたちが執筆陣

●丸善出版
●2014年7月
●816ページ
●21,600円

民族・集団索引、人名索引、事項索引と、索引が充実していることから明らかなように、これは良い事典である。昨今の世界情勢の理解を深めるための読み物としてたいそう面白い。民族に関する400近くの項目が「ジェノサイド」「ジェームズ・クック」（いわゆるキャプテン・クック）「ジェンダー問題」といった具合に五十音順で並んでいる。この並びは、内容的にはランダムなので、続けて読むことで頭の中での思いも寄らない化学反応が期待できる。今では、定点を持たずに仕事をする人という意味で使われることが多い「ノマド」も、遊牧民の生活スタイルを表す本来の意味がしっかりと解説されている。1項目の解説にはたっぷり2ページが割《さ》かれているので、1年間、毎日1項目ずつ読めば、世界民族通になれるだろう。

この事典は国立民族学博物館が設立40周年を機に編集したもので、専門分野の異なる文化人類学者や民族研究者による、長年の研究やフィールドワークの集大成である。ここに取り上げられているキーワードはネット上でも調べられるだろうが、そこには、解説者のイデオロギーが色濃く反映されている。それらと、この事典を読み比べるのも一興だ。

偶然だろうが、買ったばかりの状態のとき、スピン（紐のしおり）が「文明の衝突」のページに挟まっていたのが、今の時代を象徴しているようだった。

新書サイズ比

縦22.4×横17.2×束幅4.6cm

『暦の大事典』

岡田芳朗、神田泰、佐藤次高、高橋正男、古川麒一郎、松井吉昭（編）

歴史も科学も、暦がなければ始まらなかった

●朝倉書店
●2014年7月
●528ページ
●19,440円

誰がどこを制したかという歴史は、政治学的または経済学的に語られることが多いが、現代フランスの歴史学の礎となったアナール派はそうとばかりは考えていない。地球環境がどう変わったから、どんな病気が流行《はや》ったから、そして、季節がどうであったからといった理系的視点に基づいた因果関係で、歴史をひもといている。もちろんそこには、暦も含まれる。

古今東西、しっかりした暦をつくれることが、その時代を制するためには必須であった。ローマ帝国がわが世の春を謳歌できたのも、ジュリアス・シーザーことユリウス・カエサルが制定したユリウス暦を、初代ローマ皇帝アウグストゥスがその誤りを正して活用したからである。古代ローマだけでなく、エジプトもマヤも、暦の上に成り立った文明だ。日本では、江戸幕府天文方が公認の暦師を定める前は、各地で独自の地方暦が使われていたという。

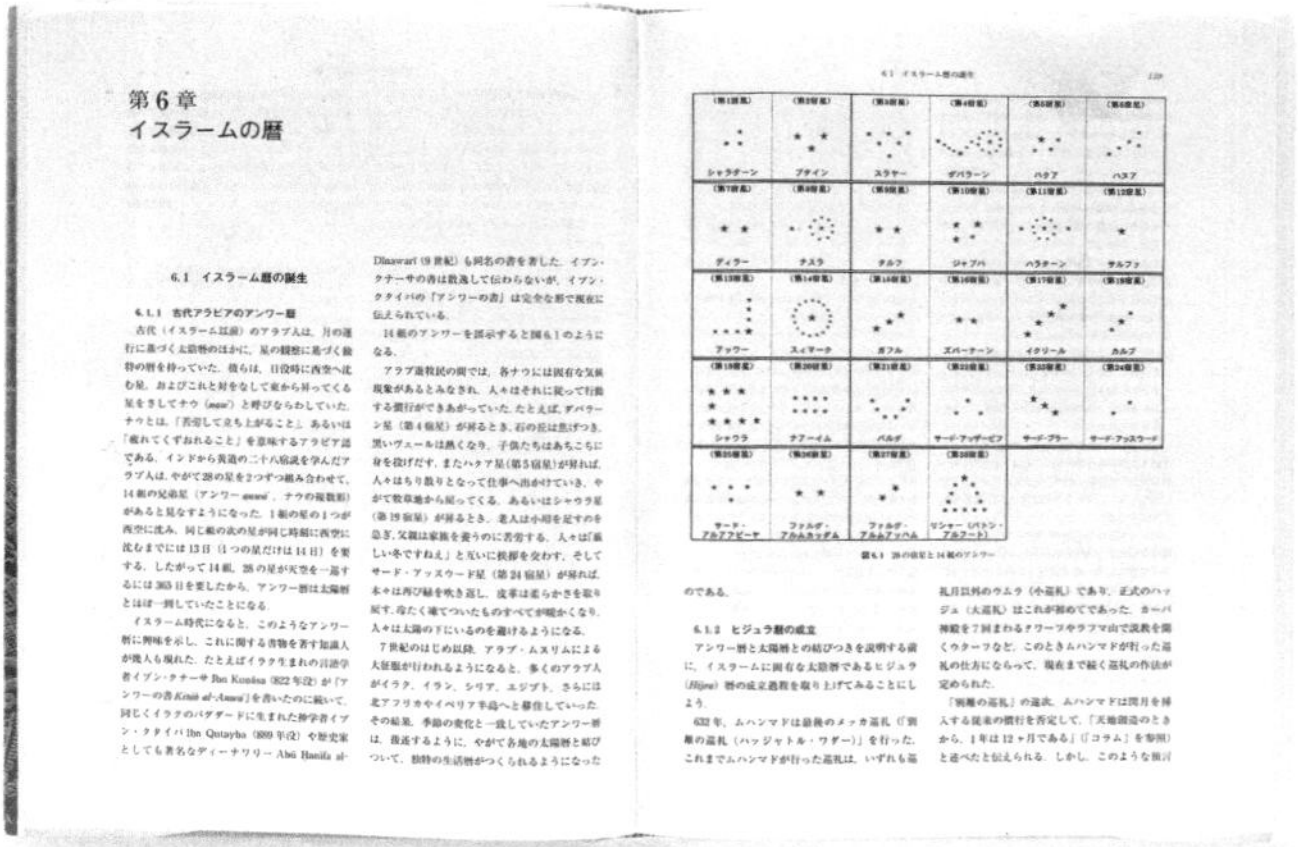

これだけ大事な暦なのだから、大事典が編まれて当然といえる。この事典は暦について網羅した読み物である。

なお、小惑星探査機「はやぶさ」の初代プロジェクトマネージャーとして知られる川口淳一郎さんは、小学校2年生のときにオリジナルの暦をつくろうと考えていたという。28日までの月があるかと思えば31日までの月があり、また、7月と8月だけは31日までの月が続くという不規則な暦を、もっとすっきりしたものにつくり変えたいと思っていたそうだ。恐るべき子どもといえる。

新書サイズ比

縦26×横18×束幅3.4cm

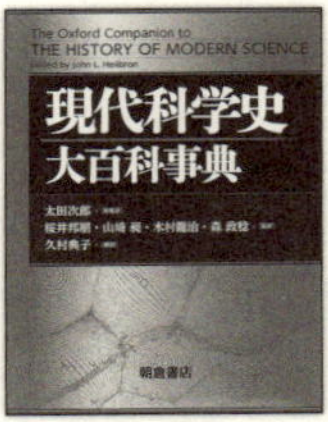

『現代科学史大百科事典』

太田次郎（総監訳）、桜井邦朋、山崎昶、木村龍治、森政稔（監訳）、久村典子（訳）

池上彰的存在の科学読み物

●朝倉書店
●2014年5月
●936ページ
●29,160円

たとえば「せ」を引くと、こんな具合に言葉が並ぶ。「性」「斉一性と激変説」「星雲」「生化学」「精神科学」「生態学」「精度と確度」「政府」「生物学」「生物学用機器」。この並びを見るだけでも、この事典が科学全体を網羅していることがわかる。しかも、一つひとつの解説は科学史なので、時系列でたいそう読みやすい。たとえば先の「生物学用機器」では、光学顕微鏡が誕生し、聴診器が生まれ、それから電気測定装置ができたという流れがわかる。こうした技術発展の過程は、「光学顕微鏡」をウィキペディアで調べてもわからない。

項目にも発見がある。先の「政府」もそうだし、「啓蒙活動と産業革命」という項目を見ても、なるほど科学を読み解くにはこういった複合的な視点が必要だと気づかされる。池上彰さんはニュース解説の天才だが、池上さんはやさしい説明だけでなく、そこに着目するの

かという質問もうまい。切り口を変えて本質をつく質問ができるから、納得できる答えを引き出せるのだ。これを事典に置き換えると、ツボをつく項目立てができればわかりやすい事典になるということで、本書は、サイエンス系事典の池上彰的存在であるといえるかもしれない。

日本語版は２０１４年発行、英語版は２００３年発行。なので、２００３年以降の科学史は記載されていないが、それでも古さを感じない。３万円近くと高額だが、本書でしか得られないひらめきがある。

縦27.6×横20.4×
束幅5.6cm

『世界毒舌大辞典』

ジェローム・デュアメル（著）／吉田城（訳）

教養あふれる皮肉の嵐

●大修館書店
●1988年6月
●538ページ
●4,104円

「駄洒落は空とぶ機知が落とす糞である」と、ビクトル・ユーゴーはレ・ミゼラブルの中で言っている。こういった毒舌が集められていて、それぞれの個性的な表現に驚くばかりなのだが、読み進めるうちに謎が膨らんでいく辞典でもある。実にあらゆる事柄について皮肉っている。税金、ジャーナリズム、男女の愛、各国の国民性など、一言目は賞賛し、二言目にはそれを巧みに批判しつつ、斜めの角度から本質を捉えようとしている。

その毒舌は誰のオリジナルのものなのか出典があるのはいいのだが、その人が何者なのか、見当がつかないものが多々ある。サマセット・モームやウッディ・アレン、マーク・トウェインなど、よく知られる著名人もいるが、感覚としては8割近くが見知らぬ人で、見知らぬ人による毒舌が並んでいるのである。

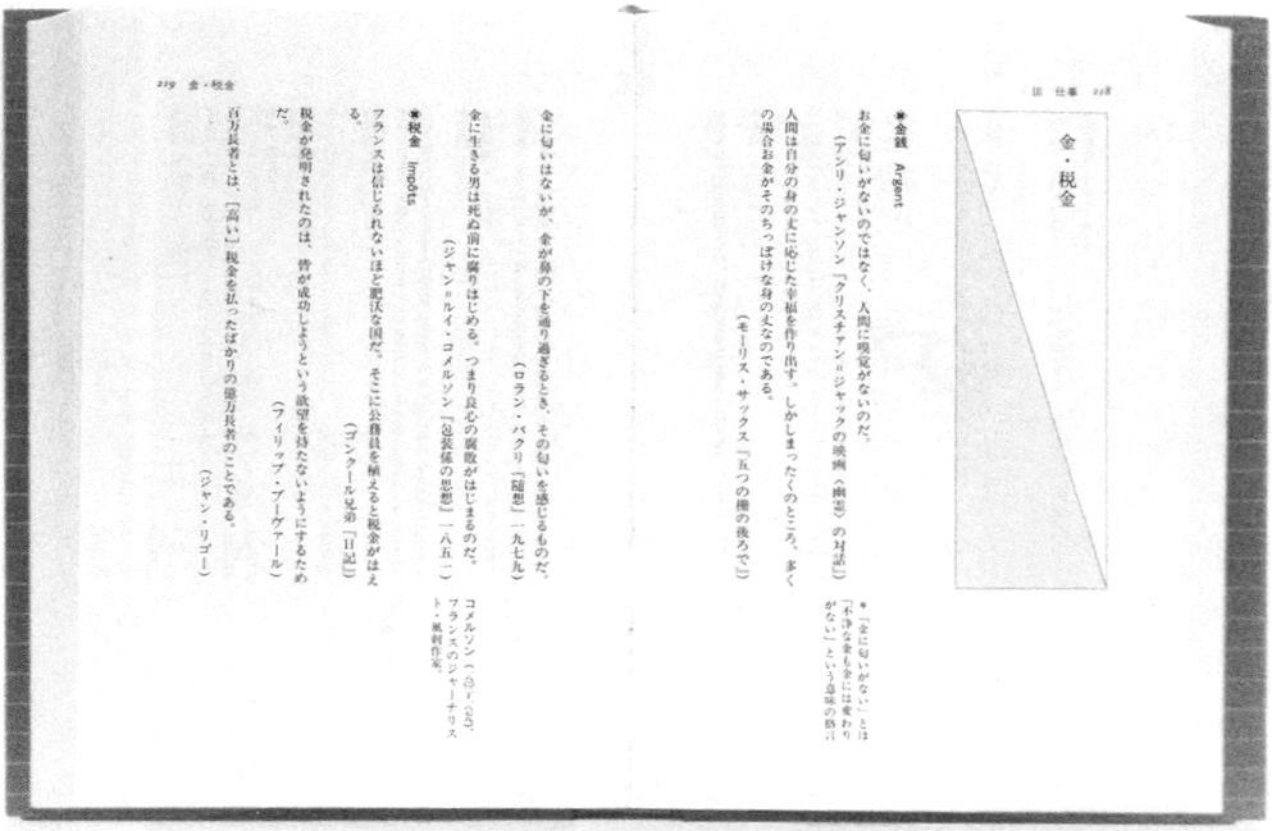
III　仕事　218

金・税金

＊金銭　Argent

お金に匂いがないのではなく、人間に嗅覚がないのだ。
（アンリ・ジャンソン『クリスチァン＝ジャックの映画〈幽霊〉の対話』）

＊「金に匂いがない」とは「不浄な金も金には変わりがない」という意味の格言

人間は自分の身の丈に応じた幸福を作り出す。しかしまったくのところ、多くの場合お金がそのちっぽけな身の丈なのである。
（モーリス・サックス『五つの柵の後ろで』）

金に匂いはないが、金が鼻の下を通り過ぎるとき、その匂いを感じるものだ。
（ロラン・バクリ『随想』一九七九）

金に生きる男は死ぬ前に腐りはじめる。つまり良心の腐敗がはじまるのだ。
（ジャン＝ルイ・コメルソン『包装係の思想』一八五一）

コメルソン（[illegible]）フランスのジャーナリスト・風刺作家。

＊税金　Impôts

フランスは信じられないほど肥沃な国だ。そこに公務員を植えると税金がはえる。
（ゴンクール兄弟『日記』）

税金が発明されたのは、皆が成功しようという欲望を持たないようにするためだ。
（フィリップ・ブーヴァール）

百万長者とは、「高い」税金を払ったばかりの億万長者のことである。
（ジャン・リゴー）

219　金・税金

ただ、毒舌といってもそれほどどぎついものではないので、凶器的な毒舌を期待する人には物足りないかもしれない。フランス人による毒舌が多いが、ウッディ・アレンの〈厄介事というのは［折り重ね式の］トイレットペーパーみたいなものだ。一枚ひっぱると十枚も出てくる〉という言葉もシンプルでいい。小説『にんじん』を書いたジュール・ルナールが〈幸福であるだけでは十分でない。他人が不幸でなければならない〉と日記に記しているなど、人間の内面性をこれでもかと浮かび上がらせている。

新書サイズ比

縦20.4×横13.8×束幅3cm

『ヨーロッパ人名語源事典』

梅田修

イギリス人のエリザベスも、スペイン人のイサベルも、みんな同じ語源からきた

ビル・ゲイツの本名はウィリアム・H・ゲイツである。ビルとはウィリアムの愛称なのである。そういった本名と愛称の関連性がわかる。また、ウィリアムはノルマン人の英雄にあやかってヨーロッパ中に広がった名前なのもわかる。知らなくても生きていけるが、知っているると海外小説やドラマをいっそう楽しめるし、知的好奇心が刺激されまくる。

われわれ日本人から見たらまったく別の名前に見えるが、ヨーロッパ人の名前は、長い歴史の変遷を経て形を変えたり、淘汰されたりしながら、現在のように広く愛される名前となったのである。本書を完成させるまでに10年以上を費やしたという梅田氏によると、ヨーロッパ中から人が集まってきているアメリカでは、男児の40パーセント、女児の30パーセントがそれぞれ25種類の名前におさまっているという統計(1989年)もあるらしい。

●大修館書店
●2000年7月
●418ページ
●5,832円

マイケルもダニエルもパトリックも、メアリーもサラもバーバラもそうであるように、いかに英語圏の人物名が今も聖書に由来しているかを見ると、彼らがキリスト教からなかなか離れられないのも理解できる。日本でいえば、親鸞から名前をとった鸞太郎くん、空海由来のその名も空海《くみ》ちゃんがクラスに必ず2〜3人はいるようなものだからだ。

付録も充実していて、主な男性名・女性名、それぞれ１００例について、ヨーロッパ10カ国でどのように表記や発音が変わるのかがまとめられている。

新書サイズ比

縦21.6×横15.4×束幅3.6cm

『現代語裏辞典』

事典屋としての筒井康隆ワールド

筒井康隆

●文藝春秋
●2010年7月
●448ページ
●2,484円

『時をかける少女』や『虚人たち』などで知られる作家・筒井康隆氏は、辞典の編者としても秀でている。『乱調文学大辞典』はその名の通り辞典であるし、『欠陥大百科　アーン』は、百科事典形式でエッセーやショートショート、それに漫画が並んでいる。もちろん、真面目な事典とは一線を画したもので、無断引用を断る理由は〈誤った常識がこれ以上世間に拡まるのを防ぐため〉とされている。アンブローズ・ビアスの代表作であるユーモアと皮肉が満ちた辞典も、『筒井版 悪魔の辞典 完全補注』（上・下）として訳しており、アイロニカルな内容だけでなく、リズミカルな文章にはさすがと唸《うな》らざるを得ない。

その筒井氏が関わった辞典のうち、現在、最も手に入れやすい一冊がこの『現代語裏辞典』である。「コンピューター」を〈して欲しいこと以外は大概のことができる機械〉、「注目」を

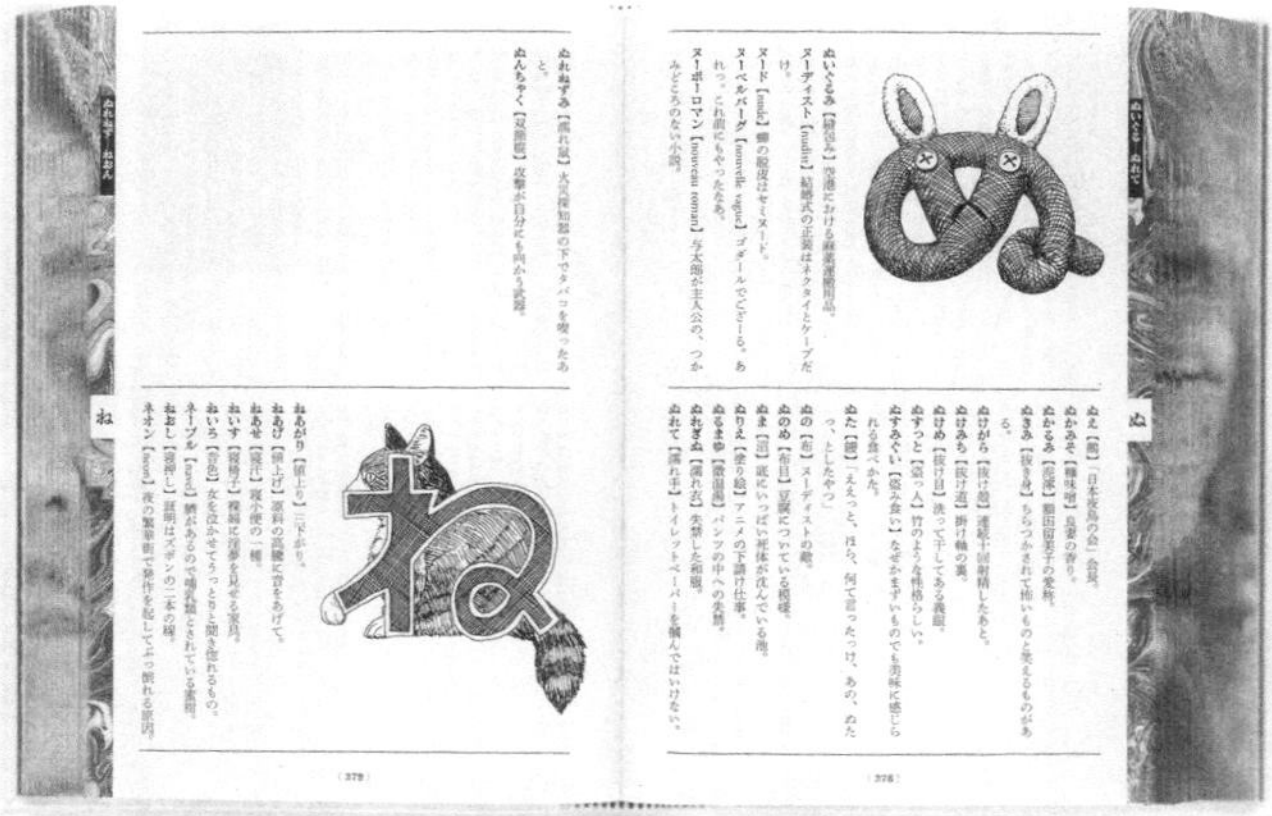

〈他に見るものがない〉、「収入」を〈常に支出を下回りながらも不思議に何とか食っていけるもの〉と喝破するなど、ビアスの悪魔の辞典と比べると、こちらのほうがより親しみやすいと思う。

２０１０年に刊行されたこの辞典は項目数が１万２０００あり、執筆には８年の年月をかけたという。中には、筒井氏が主催するＡｓａｈｉネットの会議室「２２１情報局」（要するにファンサイトのようなもの）に読者から寄せられたものもあるというが、それがどれなのかは明記されていないのも読み手の妄想をかき立ててくれる。

新書サイズ比

縦20×横14.6×束幅3.4cm

『織田信長家臣人名辞典』

高木昭作（監修）／谷口克広（著）

信長の出てこない、異色の〝信長辞典〟

●吉川弘文館
●1994年12月（第1版）、2010年10月に第2版刊行
●397ページ
●8,100円

織田信長の家臣を集めただけで辞典になるのか――答えはもちろんイエスだ。だからこのような辞典が存在する。ボクの持っている初版が出たのは20世紀のできごとだが、現在販売中の第二版には、信長に仕えた家臣その数１４５８人についてしっかりとした記述がある。

手元の初版から少し引用すると、「戸田宗二郎」は〈出没年不詳。信長の足軽。天文22年４月17日の赤塚での戦いに従軍した〉そうで、解説は3行。「橋本一巴」の解説は〈生没年不詳。信長の鉄砲の師と『公記』にある〉とシンプルだ。一方で、最も有名な家臣であった豊臣秀吉については、項目名「羽柴秀吉」で10ページにわたって記述している。

この辞典は、家臣団についての人名カードを、20年以上にわたって10万枚集め、それをもとに編纂されたという。その執念じみた根気にも驚くが、信長が生きていた５００年近く前

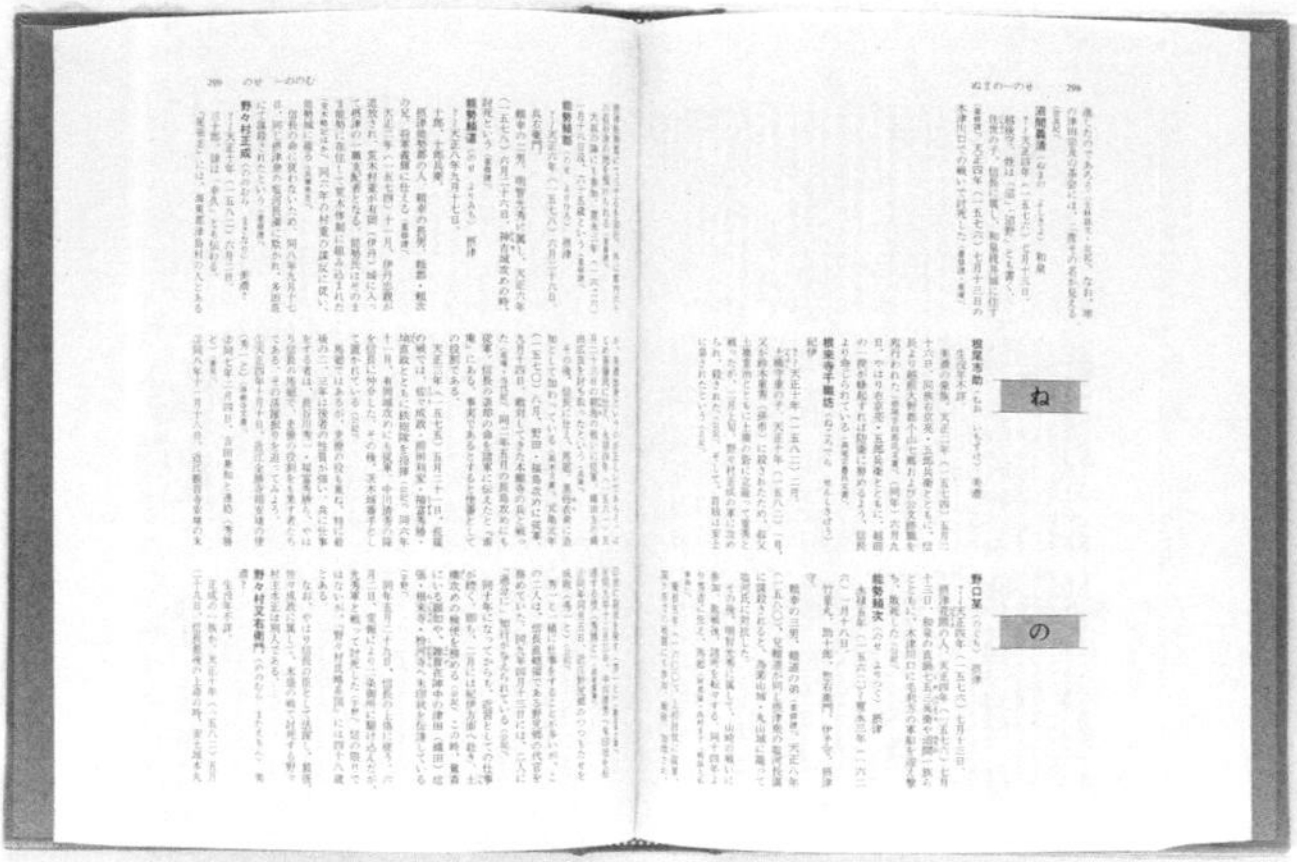

の文献がしっかりと残っていることにも驚かざるを得ない。足で情報を集めたのがよくわかる参考文献も圧巻である。

　この辞典のほか、『織田信長総合事典』という一族系図が充実した事典や、読み物として面白い『考証 織田信長事典』もある。この3冊の事典の存在は、信長ファンがいかに多いかを示すものといえる。まえがきによると、雑誌で特集したときに最も売れる歴史のテーマは三国志で、信長はそれに続くそうだ。マニアックな信長本は、探せばまだまだ面白いものがあるにちがいない。

新書サイズ比

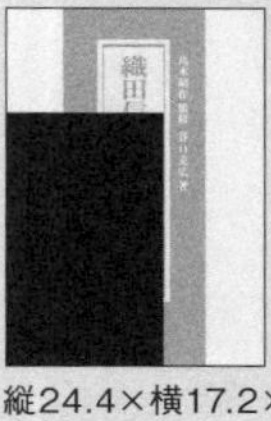

縦24.4×横17.2×束幅3.8cm

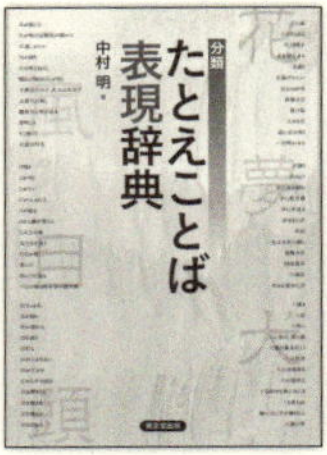

『分類　たとえことば表現辞典』

比喩がうまいと、5割増しで賢く見える

中村明

●東京堂出版
●2014年7月
●352ページ
●3,024円

同じ状況や感情を描写するにも、目の覚めるような鮮やかな、なるほどと唸りたくなる表現をする人がいる。たとえことばのうまい人は、語彙力があり、聡明な印象を受けることが多いだろう。そういった約5000の比喩表現を、自然、人間、社会・生活、文化・学芸・宗教、抽象の5章立てで網羅している。

意味の説明がなくてもわかる表現も含まれているが「遠い火事を出口から見るよう」（傍観者の立場であることのたとえ）など、初めて見る表現もあるので、パラパラとページをめくり、気になるところをじっくり読み込むのがいいだろう。日本語は表現が豊かと言われるが、それを証明するような一冊である。その一方で、海外のことわざや古典から転じた表現も再確認できる。「転石苔を生ぜず」は英語のことわざから、「鶏群の一鶴」は中国の「晋書」から

だ。
言葉の語源は、国語辞典に書かれていることも多いが、比喩・たとえ言葉だけをシンプルに抜き出した本書は、読んでいるだけで日本語の奥深さを堪能できる。まさに「引く辞典」ではなく「読む辞典」といえるだろう。

著者の中村明氏は元国立国語研究所室長。いったい何冊の辞書を編纂しているのかと思うほど多くの、表現に関わる辞書を手がけている。中でも語感に関する日本語研究の第一人者であり、『日本語　語感の辞典』など味わい深い著作も多い。

縦19×横13.2×束幅2.6cm

『勘違いことばの辞典』

西谷裕子（編）

みんなスルーしがちな日本語の間違い

●東京堂出版
●2006年10月
●304ページ
●1,944円

言葉トリビア本は少なくないが、ボクはこの一冊をすすめたい。書籍のサイズも、文字の大きさもほどよくて、すいすいと読み進めることができる。ボクはこの本を寝床に常備しておいて、寝る前によく楽しんだ。まったく難しくなく、簡潔に書かれた言葉のトリビアが詰まっているため、何のストレスもないからだ。

間違いやすい言葉はたくさんある。たとえば、「上には上がいる」（正しくは「ある」）、「押しも押されぬトップスター」（正しくは「押しも押されもせぬ」）、「熱にうなされる」（正しくは「浮かされる」）など、うっかり誤って使っている言葉がたくさんあることに気づかされる。

定番の誤用も多いが、その中で自分が間違って使っていた言葉を探し当てるのも楽しい。

さまざまな日本語の間違いが7章に分けられてちりばめられているが、「漢字の間違い」

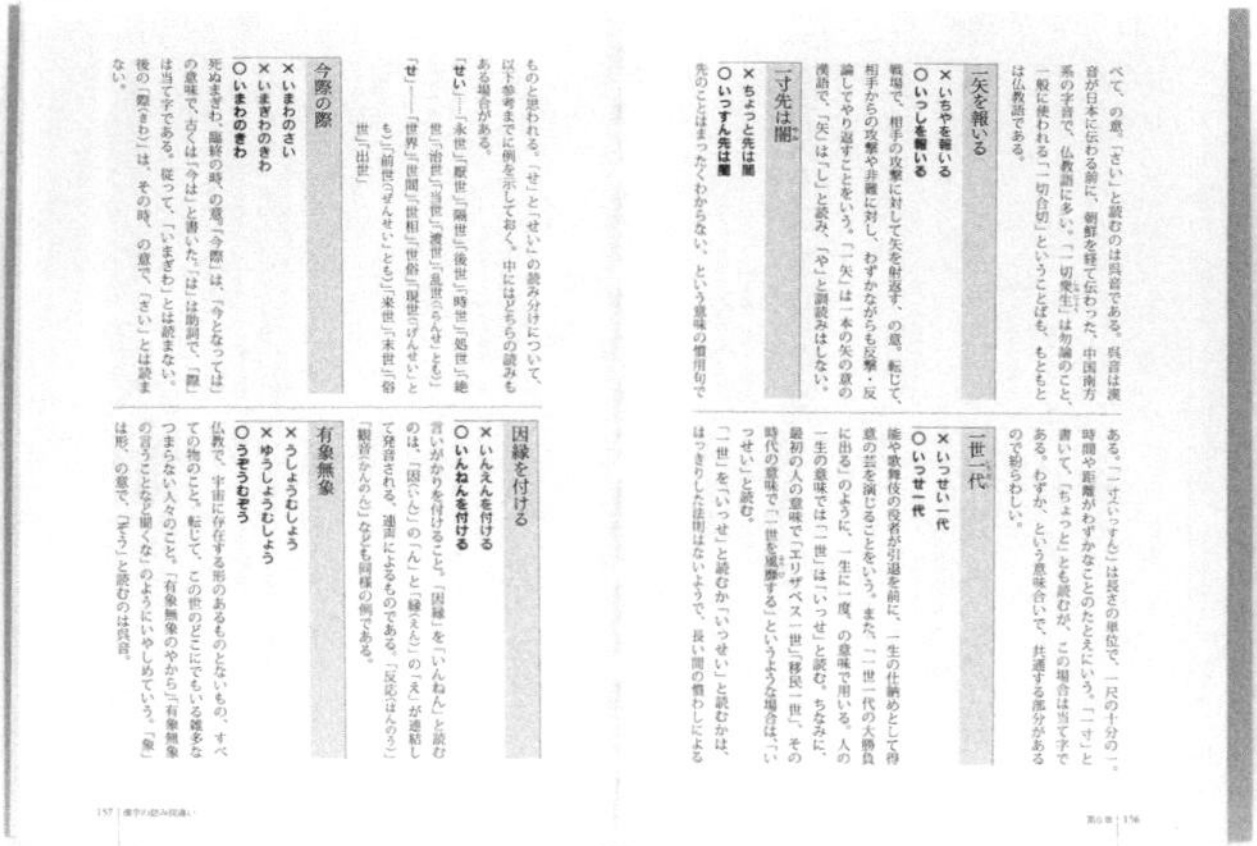

べて、の意。「さい」と読むのは呉音である。呉音は漢音が日本に伝わる前に、朝鮮を経て伝わった、中国南方系の字音で、仏教語に多い。「一切衆生」は勿論のこと、一般に使われる「一切合切」ということばも、もともとは仏教語である。

一矢を報いる

×いちやを報いる
○いっしを報いる

戦場で、相手からの攻撃に対して矢を射返す、の意。転じて、相手からの攻撃や非難に対し、わずかながらも反撃・反論してやり返すことをいう。「一矢」は一本の矢の意の漢語で、「矢」は「し」と読み、「や」と訓読みはしない。

一寸先は闇

×ちょっと先は闇
○いっすん先は闇

先のことはまったくわからない、という意味の慣用句である。「一寸（いっすん）」は長さの単位で、一尺の十分の一。時間や距離がわずかなことのたとえにいう。「一寸」と書いて、「ちょっと」とも読むが、この場合は当て字である。わずか、という意味合いで、共通する部分があるので紛らわしい。

一世一代

×いっせい一代
○いっせ一代

能や歌舞伎の役者が引退を前に、一生の仕納めとして得意の芸を演じることをいう。また、「一世一代の大勝負に出る」のように、一生に一度、の意味で用いる。人の一生の意味では「一世」は「いっせ」と読む。ちなみに、最初の人の意味で「エリザベス一世」「移民一世」、その時代の意味で「一世を風靡する」というような場合は「いっせい」と読む。
「一世」を「いっせ」と読むか「いっせい」と読むかは、はっきりした法則はないようで、長い間の慣わしによるものと思われる。「せ」と「せい」の読み分けについて、以下参考までに例を示しておく。中にはどちらの読みもある場合がある。

「せい」――「永世」「厭世」「隔世」「後世」「時世」「処世」「絶世」「治世」「当世」「渡世」「乱世（らんせ）とも）」
「せ」――「世界」「世間」「世相」「世俗」「現世（げんせい）とも）」「前世（ぜんせい）とも」「来世」「末世」「俗世」「出世」

今際の際

×いまわのさい
×いまぎわのきわ
○いまわのきわ

死ぬまぎわ、臨終の時、の意。「今際」は、「今となっては」の意味で、古くは「今は」と書いた。「は」は助詞で、「際」は当て字である。従って、「いまぎわ」とは読まない。後の「際（きわ）」は、その時、の意で、「さい」とは読まない。

因縁を付ける

×いんえんを付ける
○いんねんを付ける

言いがかりを付けること。「因縁」を「いんねん」と読むのは、「因（いん）」の「ん」と「縁（えん）」の「え」が連結して発音される、連声によるものである。「反応（はんのう）」「観音（かんのん）」なども同様の例である。

有象無象

×うしょうむしょう
×ゆうしょうむしょう
○うぞうむぞう

仏教で、宇宙に存在する形のあるものとないもの、すべての物のこと。転じて、この世のどこにでもいる雑多なつまらない人々のこと。「有象無象のやから」「有象無象の言うことなど聞くな」のようにいやしめていう。「象」は形、の意で、「ぞう」と読むのは呉音。

第6章 | 156　　157 | 漢字の読み間違い

はさらに有益。パソコン中心の生活で、手書きの文字を書く機会が減ったため、いざ文章を書くときに、漢字にはけっこう自信がない。「跡継ぎ」と「後継ぎ」、「聞いた風」と「利いた風」など、いざ書くとなると手が止まってしまうだろう。そうならないために、頭に入れておきたい豆知識でいっぱいである。

「後ろから羽交い絞めにする」「決着がつく」「第一日目」「排気ガス」などの、重ね言葉の誤りは、これまでの人生できっと何度も間違えてきたにちがいない。

新書サイズ比

縦18.6×横13×束幅2.2cm

『水滸伝人物事典』

人物から読み解く中国の奇書

高島俊男

●講談社
●1999年11月
●694ページ
●5,076円（品切れ中）

水滸伝は、三国志演義・西遊記・金瓶梅と共に中国四大奇書に数えられる伝奇小説だ。舞台は北宋時代末期の梁山泊。腐敗した政治の世界を、１０８人の日陰者の豪傑たちが引っかき回す物語である。子どもの頃、最も夢中になった小説のひとつで、何度も読み返した。ボクが読んでいたのは平凡社の中国古典文学大系シリーズのうちの一冊で、日本語の文章の間に漢詩の書き下し文が入っているところに、子どもごころに格調高さを感じていた。そして、豪傑たちの怖さもひしひしと感じていた。

ただ、主人公が１０８人いるわけだから、一人ひとりを覚えるのは大変である。ボクも夢中になったとはいえ、そのほとんどを忘れてしまった。

そこで事典の出番だ。中国文学者の高島俊男氏による本書は、１０８人の主人公はもちろ

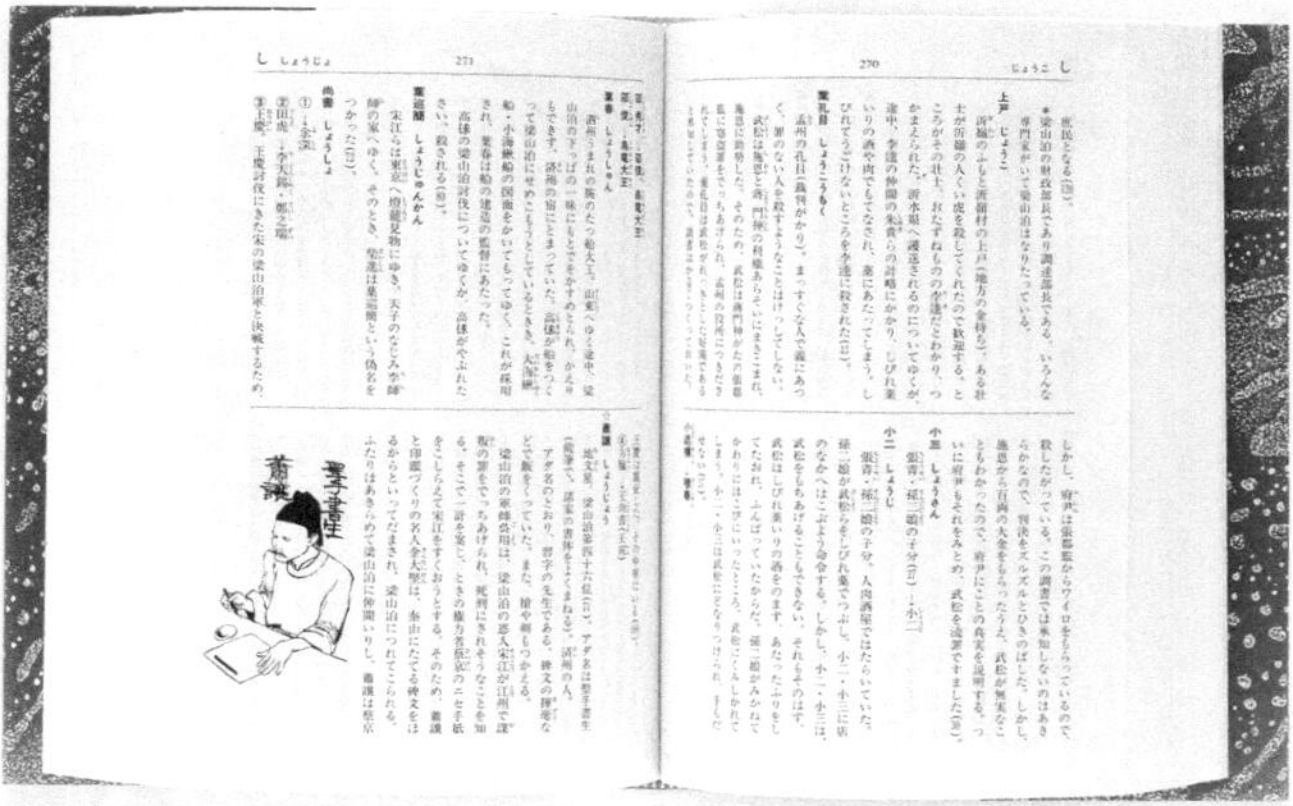

ん、ほかの登場人物についても実に真面目に、かつ詳しくまとめられている。

　端役《はやく》についてもしっかりとした記述があるのも嬉しい。役所の小使いや牛飼いの子どもなど、名前すらない人物まで、漏れなく拾い上げられている。

　水滸伝の背景や物語の中で使われる武器、年表や地図も付属されている。入手が困難で高値がついているが、水滸伝ファンならなんとか入手したい事典である。

新書サイズ比

縦19.8×横14.2×束幅4.7cm

『中国歴代皇帝人物事典』

王敏、岡崎由美（監修）

中国はやっぱりスケールがちがった

●河出書房新社
●1999年2月
●480ページ
●3,240円
（重版未定）

中国四千年の歴史で生まれては消えていった王朝には、常に皇帝がいた。それをほぼ網羅した事典が、この本である。殷・周・秦・漢・隋・唐・宋・元・明・清、それぞれの初代皇帝はよく知られているが、その後を継いだ皇帝が何をしていたのかも書かれている。豊富な肖像画は写実的で、さすが親子はよく似ているな、などと思わされる。

聖徳太子が小野妹子を遣わし「日出ずる処の天子、日没する処の……」という国書で激怒させたことで有名な、隋の第二皇帝・煬帝《ようだい》は、根っからの大暴君。毎月２００万ほどの人民を苦役につかせ、その半数近くが死んでしまったという。その他、酒色に溺れ、近親者を殺めるなど、中国の歴代支配者はやることが並外れている。

この事典を読んでいると、現代中国はともかく、古代中国はダイナミックで面白いのがよ

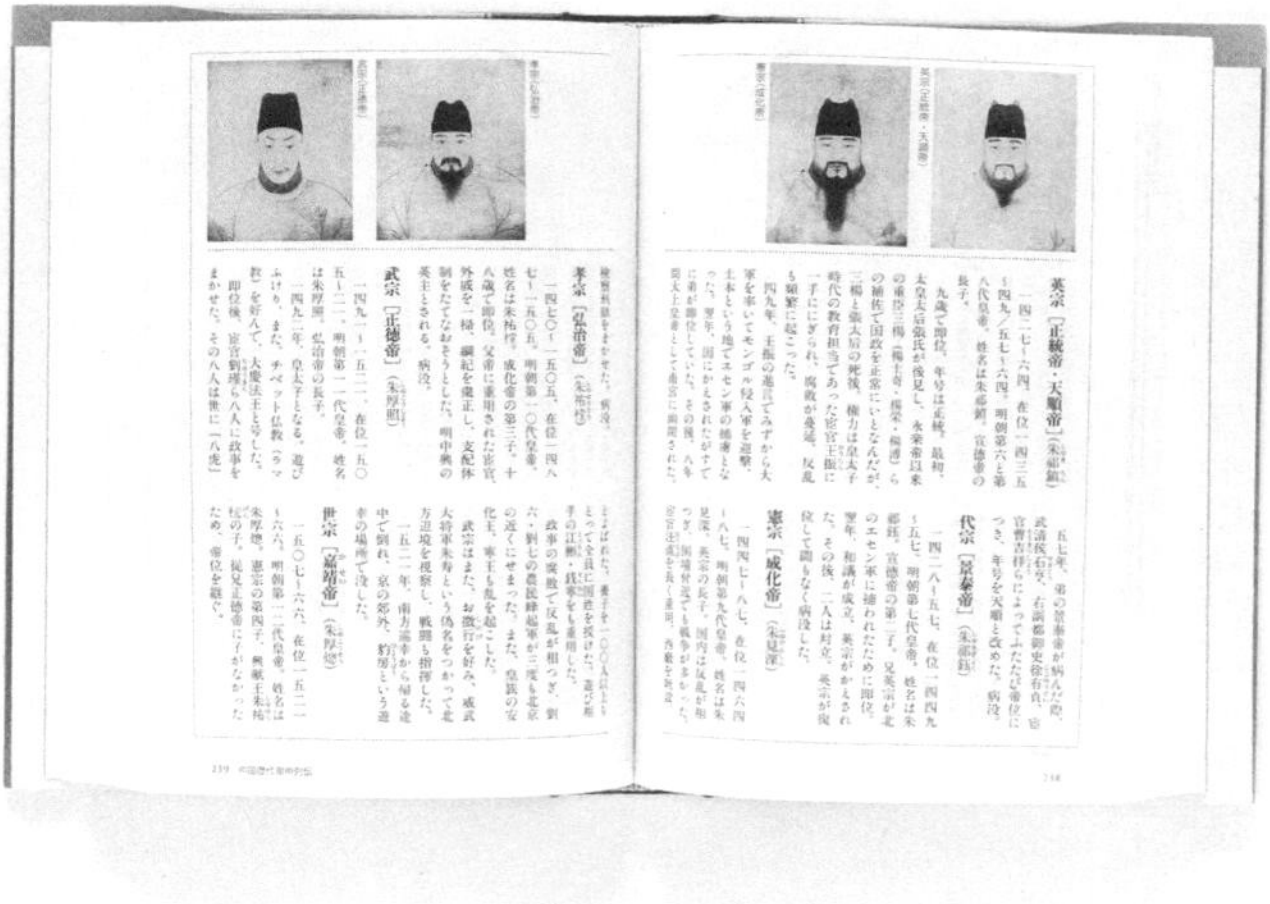

くわかる。もちろんかつての日本もそれから欧州も、歴史とその時代のトップにいた人物の物語が面白いのは当たり前だ。ただ、中国の昔話は、ほどよい距離感の一大スペクタクルとして楽しもう。日本の話は我がことなので心の底からは楽しめず、欧州のことはどうも他人事《ひとごと》のような気がしてならないのだが、舞台が中国となるとほどよくそれらが中和されて、単純に面白がることができる。

　皇帝だけでなく、后妃、公主、宗室についても収録。地図や宮都・陵墓の一覧も付属している。

新書サイズ比

縦18.8×横13.6×束幅3.4cm

『こんなにちがう　中国各省気質』

高橋基人

●草思社
●2013年1月
●288ページ
●1,728円

マニアックな中国本

事典ではないが事典としても使える、最高に面白い読み物である。タイトルの通り、中国の省別に、そこで暮らす人たちの気質や美味《おい》しい食べ物をまとめている、テレビ番組『秘密のケンミンＳＨＯＷ』の中国版のような一冊だ。北京や上海だけを見て中国を語ることがいかに愚かなことか、痛感する。

著者が学者ではなく、ビジネスマンとして中国を駆け回り、中国人と接してきた経験を基にして書いたものである点も信頼がおける。外国人が中国をどう見ているかだけでなく、中国人同士がお互いをどう見ているかもわかってしまう。

目次からして面白い。広東省は〈カネのためなら東奔西走／現実的で行動的な文化不毛の人々〉、浙江省は〈儲かるものならなんにでも手を出す／えげつなさと開拓精神を備えた最強

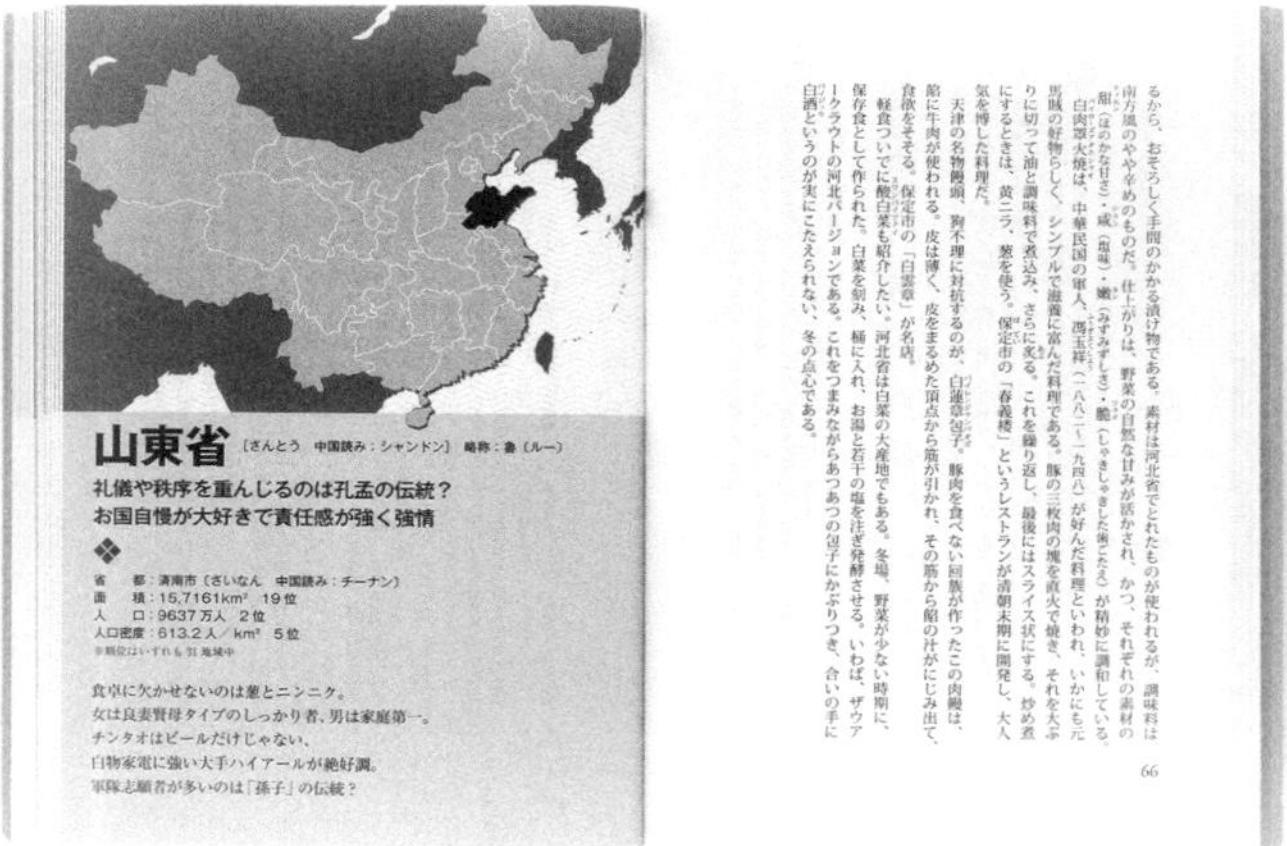

商〉であり、新疆《しんきょう》ウイグルは〈広大な辺境の地に暮らす／善良で実直、情熱的な美男美女〉で、内モンゴル自治区が〈性格も体格も豪快そのもの／客をもてなすのが得意な草原の民〉と、著者の考えが行間に見える。数々の小話やジョークからは、県民性（正しくは省民性？）の違いだけでなく、この国が抱える社会問題も読み取ることができ、風刺が効いた一冊になっている。

別の著者だが、シリーズ本として『こんなにちがうヨーロッパ各国気質』などもある。しかし、中国編がずば抜けて面白い。

新書サイズ比

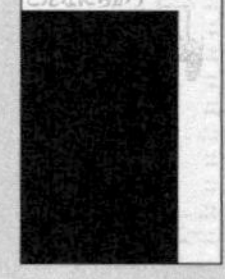

縦19×横13.4×束幅1.8cm

『英語便利辞典』

英会話に通う前に、文化・習慣を知ろう

小学館外国語辞典編集部（編）

●小学館
●2006年1月
●578ページ
●2,268円

マイクロソフトに勤務していた時代、同社の世界各国のマネジメント層が出席するパーティの場で気がついたことがある。ラテンの国の人はラテンの国の人で集まり、アジアの国の人はアジアの国の人で集まって談笑しているのだ。その理由は何か、観察してみると案外とすぐに答えがわかった。人種ごとに集まるのが楽だからでも、ビジネスの話をしているのでもなく、文化的な話で盛り上がれるからである。アメリカの主要な新聞や雑誌、過去のアカデミー賞受賞作品、「星条旗よ永遠なれ」の歌詞など、アメリカ人は当たり前のように知っていることを、その国以外の人は知らない。だから会話が成立しないのだ。

この辞典はそういった雑学に近い事柄を丁寧にカバーした、実に便利な辞典だ。マザー・グース、聖書、ジェスチャー、ことわざに関する部分などは、初めて知ることばかりである。

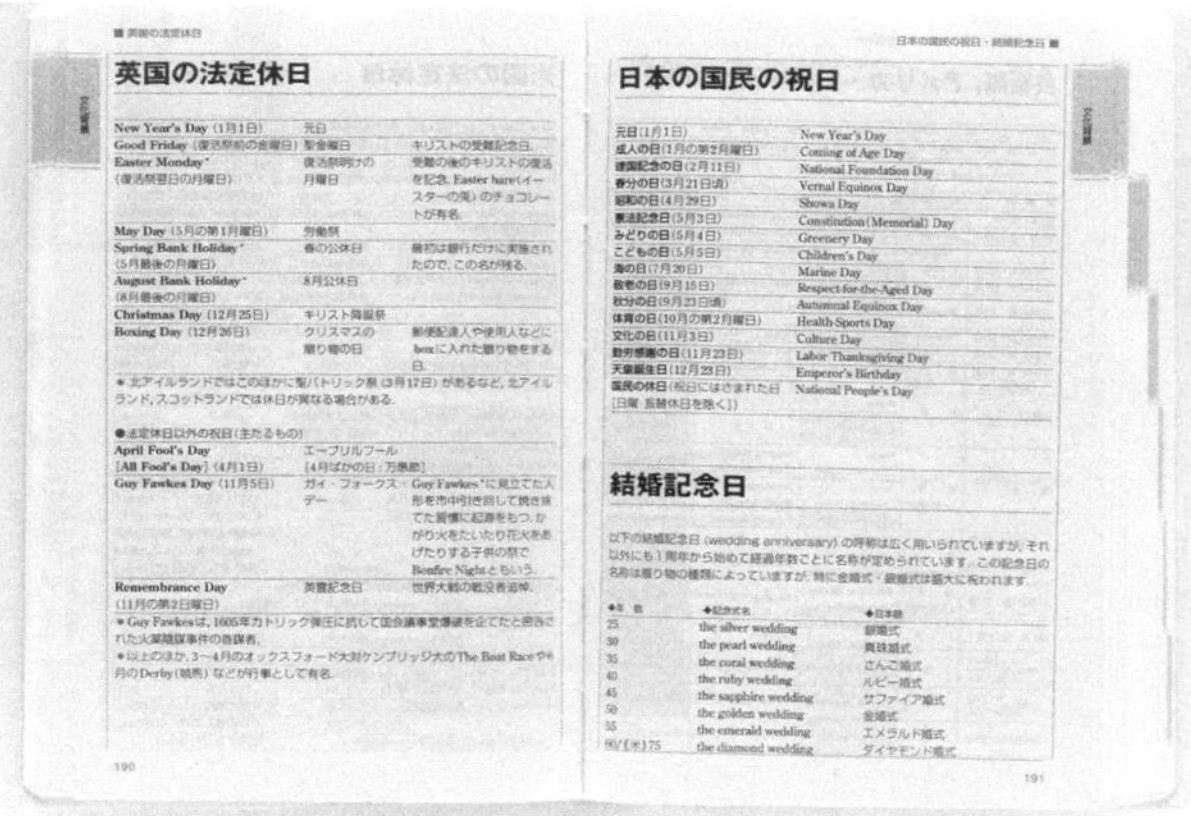

■ 英国の法定休日

英国の法定休日

New Year's Day（1月1日）	元日	
Good Friday（復活祭前の金曜日）	聖金曜日	キリストの受難記念日.
Easter Monday* （復活祭翌日の月曜日）	復活祭明けの月曜日	受難の後のキリストの復活を記念. Easter hare（イースターの兎）のチョコレートが有名.
May Day（5月の第1月曜日）	労働祭	
Spring Bank Holiday* （5月最後の月曜日）	春の公休日	最初は銀行だけに実施されたので, この名が残る.
August Bank Holiday* （8月最後の月曜日）	8月公休日	
Christmas Day（12月25日）	キリスト降誕祭	
Boxing Day（12月26日）	クリスマスの贈り物の日	郵便配達人や使用人などにboxに入れた贈り物をする日.

＊ 北アイルランドではこのほかに聖パトリック祭（3月17日）があるなど, 北アイルランド, スコットランドでは休日が異なる場合がある.

●法定休日以外の祝日（主たるもの）

April Fool's Day ［**All Fool's Day**］（4月1日）	エープリルフール ［4月ばかの日：万愚節］	
Guy Fawkes Day（11月5日）	ガイ・フォークス・デー	Guy Fawkes*に見立てた人形を市中引き回して焼き捨てた習慣に起源をもつ. かがり火をたいたり花火をあげたりする子供の祭でBonfire Nightともいう.
Remembrance Day （11月の第2日曜日）	英霊記念日	世界大戦の戦没者追悼.

＊ Guy Fawkesは, 1605年カトリック弾圧に抗して国会議事堂爆破を企てたと断罪された火薬陰謀事件の首謀者.

＊ 以上のほか, 3～4月のオックスフォード大対ケンブリッジ大のThe Boat Raceや6月のDerby（競馬）などが行事として有名.

190

日本の国民の祝日・結婚記念日 ■

日本の国民の祝日

元日（1月1日）	New Year's Day
成人の日（1月の第2月曜日）	Coming of Age Day
建国記念の日（2月11日）	National Foundation Day
春分の日（3月21日頃）	Vernal Equinox Day
昭和の日（4月29日）	Showa Day
憲法記念日（5月3日）	Constitution (Memorial) Day
みどりの日（5月4日）	Greenery Day
こどもの日（5月5日）	Children's Day
海の日（7月20日）	Marine Day
敬老の日（9月15日）	Respect-for-the-Aged Day
秋分の日（9月23日頃）	Autumnal Equinox Day
体育の日（10月の第2月曜日）	Health-Sports Day
文化の日（11月3日）	Culture Day
勤労感謝の日（11月23日）	Labor Thanksgiving Day
天皇誕生日（12月23日）	Emperor's Birthday
国民の休日（祝日にはさまれた日［日曜・振替休日を除く］）	National People's Day

結婚記念日

以下の結婚記念日（wedding anniversary）の呼称は広く用いられていますが, それ以外にも1周年から始めて経過年数ごとに名称が定められています. この記念日の名称は贈り物の種類によっていますが, 特に金婚式・銀婚式は盛大に祝われます.

◆年　数	◆記念式名	◆日本語
25	the silver wedding	銀婚式
30	the pearl wedding	真珠婚式
35	the coral wedding	さんご婚式
40	the ruby wedding	ルビー婚式
45	the sapphire wedding	サファイア婚式
50	the golden wedding	金婚式
55	the emerald wedding	エメラルド婚式
60/《米》75	the diamond wedding	ダイヤモンド婚式

191

英語を身に付けたければ、こういった英語圏の文化に触れられる面白い読み物を手元に置いておくことが、学ぶモチベーションにつながるだろう。たとえば、池波正太郎の小説は作品自体も十分に面白いのだが、江戸時代の文化や風俗を知っていると、さらにその世界観にどっぷり浸かることができる。それと同じで、英語もその周辺を知っていれば知っているほど、面白がれる。この本では何冊か英語関連の辞典を紹介しているが、もし一冊だけを買うならこれ。海外留学や転勤にも必携である。

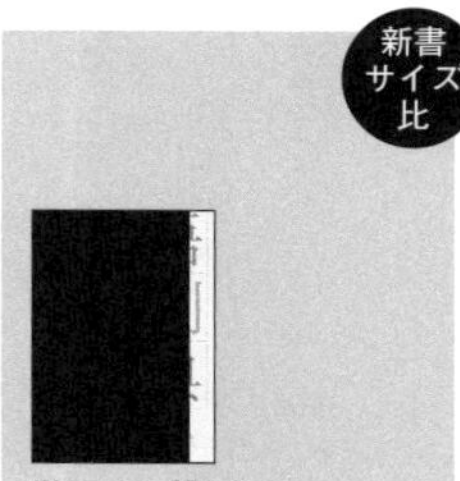

縦17.2×横12.2×束幅3.2cm

『葬送習俗事典　葬儀の民俗学手帳』

柳田国男

変わる前に、消えてしまう前に知っておきたい葬送文化

●河出書房新社
●2014年7月(復刊版)
●224ページ
●2,160円

まず、装丁が素晴らしい。文字が書かれていなかったとしても、これが葬儀に関わる本であることが一目瞭然だ。もともとは１９３７年に『葬送習俗語彙』として発行されたもので、２０１４年に復刊を果たしている。

究極にまで核家族化が進み、さらに進む一方の高齢化社会日本においては今後、人を弔うスタイルが急変していくことになるだろう。通夜、葬儀、墓、回忌。これまでは当たり前だったものが当たり前でなくなる可能性は極めて高い。だとするとこの事典は、今は営まれている、あるいはすでに消滅してしまった、地域ごとに特徴のある葬送の実態が記された唯一の事典となるかもしれない。柳田国男の著書には、フィールドワークに基づいた推論が面白いものも数多くあるが、この事典にはその推論がない。だからかえって面白い。並べられたファ

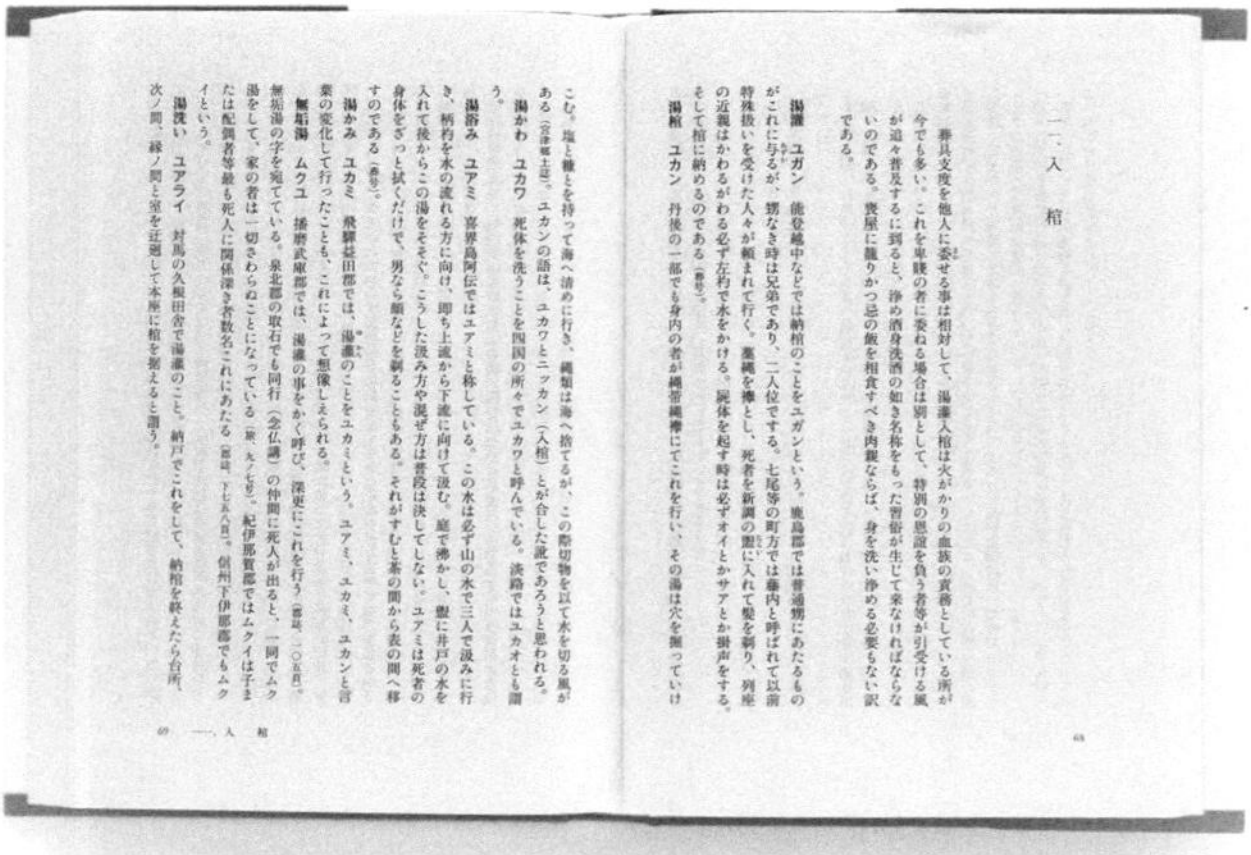
一一　入　棺

葬具支度を他人に委せる事は相対して、湯灌入棺は火がかりの血族の責務としている所が今でも多い。これを卑賤の者に委ねる場合は別として、特別の恩誼を負う者等が引受ける風が追々普及するに到ると、浄め酒身洗酒の如き名称をもった習俗が生じて来なければならないのである。喪屋に籠りかつ忌の飯を相食すべき肉親ならば、身を洗い浄める必要もない訳である。

湯灌　**ユガン**　能登越中などでは納棺のことをユガンという。鹿島郡では普通甥にあたるものがこれに与るが、甥なき時は兄弟であり、二人位でする。七尾等の町方では藤内と呼ばれて以前特殊扱いを受けた人々が頼まれて行く。藁縄を襷とし、死者を新調の盥に入れて髪を剃り、列座の近親はかわるがわる必ず左杓で水をかける。屍体を起す時は必ずオイとかサアとか掛声をする。そして棺に納めるのである（能登）。

湯棺　**ユカン**　丹後の一部でも身内の者が縄帯縄襷にてこれを行い、その湯は穴を掘っていけこむ。塩と糠とを持って海へ清めに行き、縄類は海へ捨てるが、この際切物を以て水を切る風がある（宮津郷土誌）。ユカンの語は、ユカワとニッカン（入棺）とが合した訛であろうと思われる。

湯かわ　**ユカワ**　死体を洗うことを四国の所々でユカワと呼んでいる。淡路ではユカオとも謂う。

湯浴み　**ユアミ**　喜界島阿伝ではユアミと称している。この水は必ず山の水で三人で汲みに行き、柄杓を水の流れる方に向け、即ち上流から下流に向けて汲む。庭で沸かし、盥に井戸の水を入れて後からこの湯をそそぐ。こうした汲み方や混ぜ方は普段は決してしない。ユアミは死者の身体をざっと拭くだけで、男なら髭などを剃ることもある。それがすむと茶の間から表の間へ移すのである（喜界）。

湯かみ　**ユカミ**　飛騨益田郡では、湯灌のことをユカミという。ユアミ、ユカミ、ユカンと言葉の変化して行ったことも、これによって想像しえられる。

無垢湯　**ムクユ**　播磨武庫郡では、湯灌の事をかく呼び、深更にこれを行う（葬号、一〇五頁）。無垢湯の字を宛てている。泉北郡の取石でも同行（念仏講）の仲間に死人が出ると、一同でムク湯をして、家の者は一切さわらぬことになっている（旅、九ノ七号）。紀伊那賀郡ではムクイは子または配偶者等最も死人に関係深き者数名これにあたる（葬号、下七五八頁）。信州下伊那郡でもムクイという。

湯洗い　**ユアライ**　対馬の久根田舎で湯灌のこと。納戸でこれをして、納棺を終えたら台所、次ノ間、縁ノ間と室を迂廻して本座に棺を据えると謂う。

69　一一　入　棺

クトを集めて仮説を立てる楽しみが、読者に残されているからだ。

　柳田氏によれば、葬儀の準備はすべて二人一組で行うのが全国共通の習慣だという。親戚に訃報を知らせる遣いの二人は、常陸《ひたち》の行方《なめがた》郡では「二人使い」、遠州では「死使い」と呼ばれてきた。このように、喪に関する習俗を35例集め、地域ごとの特徴を記してある。各項目の冒頭、習俗の解説を拾って読むだけでも価値がある。

　なお、同じく柳田国男による『禁忌習俗事典』も、ほぼ同時期に復刊している。

新書サイズ比

縦19×横13.4×束幅2.2cm

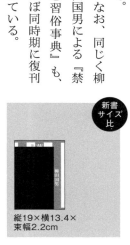

『哲学用語図鑑』

ざっくりつかむ哲学のツボ

田中正人（著）／斎藤哲也（編）

●プレジデント社
●2015年2月
●352ページ
●1,944円

哲学。概念的に過ぎるそれをビジュアル化しようと思った心意気に、拍手を送りたくなる一冊だ。できることなら学びたいと思いつつそのハードルの高さの前にがっくりとひざをついたことのある人には、うってつけの図鑑である。哲学に再挑戦するなら、まずはこの図鑑から始めるのがいいだろう。

「ポスト構造主義」とか「プラグマティズム」とか「ノマド」とか、聞いたことはあるし、一度くらいは口にしたこともあるだろう。しかし、説明しろと言われると、どうだろう。そうした言葉の本来の意味が、図を使って解説されている。その解説文には、別のページで解説されている哲学用語が多用されているので、どこか適当なページから読み始めて、気になる言葉が出てきたら今度はそこのページを開いてと、クリックしてリンク先を参照するよう

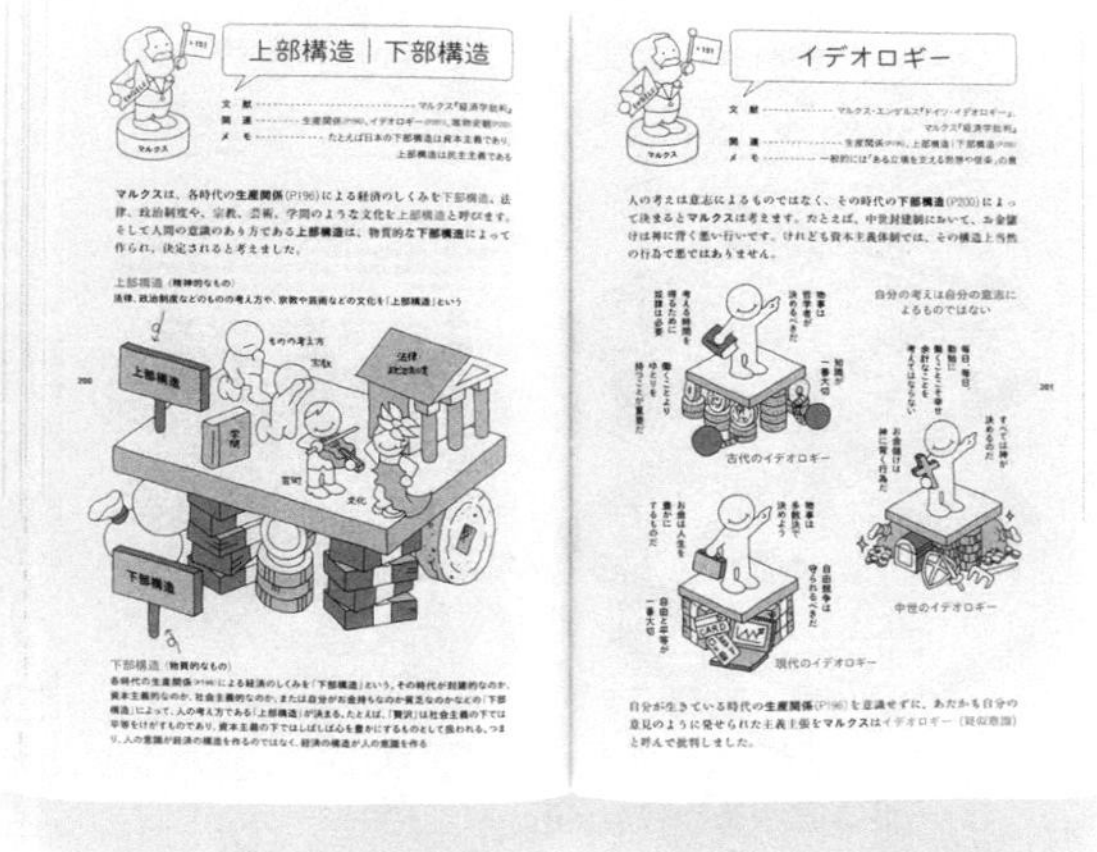

にして読むと、面白さが増すかもしれない。用語の語源、出典、具体例、対義語についても触れられているのがありがたい。

　哲学関係の事典なら、『年表で読む哲学・思想小事典』（白水社）もいい。こちらの本は逆に、時系列に沿って読み進めるための事典だ。古代哲学から20世紀までが時系列でまとめられているのだが、約４００ページのうち、１００ページ以前は紀元前、それからあとがようやく紀元後である。哲学の歴史の深さを如実に示している。

新書サイズ比

縦20.8×横14×束幅3cm

『現代語から古語を引く　現古辞典』

古橋信孝、鈴木泰、石井久雄

訳すためではなく、表現力をつける一冊

●河出書房新社
●2012年3月
●352ページ
●3,024円

買ってから、はたしてどういったシーンで使うのだろうと考え込んでしまった辞典である。古語を現代語に換える古現辞典なら、古語を読みたい現代人に欠かせない。しかし現代語を古語に変換するための現古辞典となると、タイムスリップしてきたいにしえの人々が現代の日本語を読むときか、あるいは現代人が古語で文章を書きたいときかどちらかでしか必要とされず、そのどちらも滅多にあることとは思われないからだ。

しかし、読み進めていくと、この辞典は案外と現代人にも〝使える〟ものであることがわかってくる。現代文に登場する「せいじ」を「まつりごと」、「りそうてきだ」を「あらまほし」に置き換えると、古語効果でいかにも格調高く感じられるから不思議である。たとえば、神沢利子作の童話『ふらいぱんじいさん』の一節、「じいさんが　しょんぼり　していると、

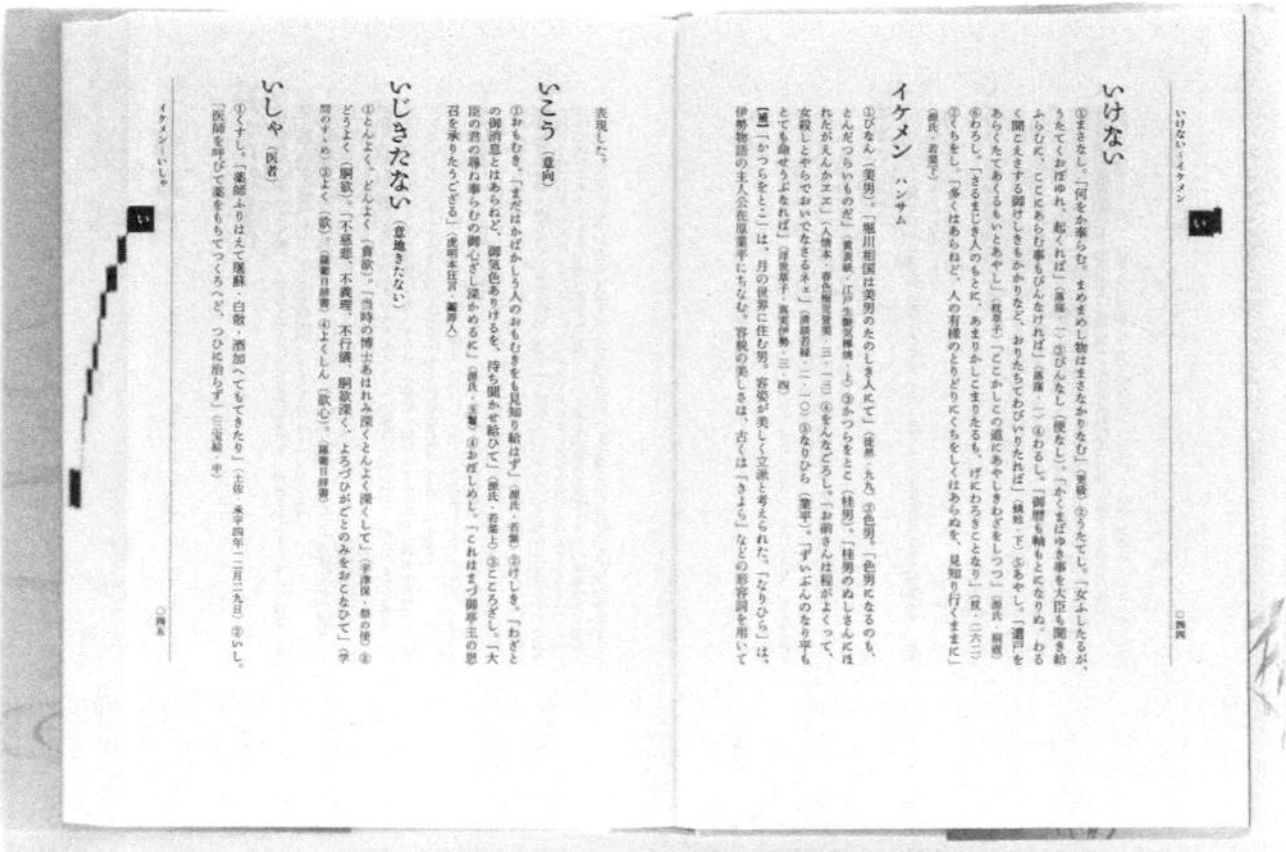

ごきぶりがきて、いいました」を古語に書き直したらどうなるか。「おきな　うらぶれたれば、ごきかぶり　きたりて、いひはべりけり」となり、かの虫が、神々しく感じられるではないか。

コピーライターなど、言葉を使うクリエイティブな仕事をしている人には参考になると思う。たとえばマンションの広告で「郊外」と言われてもピンとこない人でも「みやこほとり」と書かれていたら、素敵な街並みが脳裏に浮かぶはずだからだ。

解説にあるように、この辞典は、〈もはや表現史辞典と称するのが適切である。〉

新書サイズ比

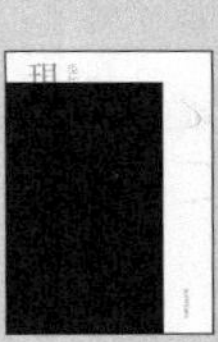

縦19.4×横13.8×束幅3.2cm

『パッとひける　医学略語・看護略語』

エキスパートナース編集部（編）

病院通いが楽しくなる？

●照林社
●2014年11月
●544ページ
●1,728円

病院で使われる英文字の略語を４５００語集めたものである。なんの略語であるかに加え、解説も添えられている。使い道はただひとつ、医師と看護師とのあいだで交わされる会話を理解するための利用だ。

もちろん医師や看護師は、患者に対して病状を丁寧に説明してくれることだろう。専門家同士の会話をすべて理解する必要はないのかもしれない。しかし、自分の身体《からだ》について何を言っているのかは、どうしても気になってしまうものだ。そのモヤモヤを自己解決し、安心するための一冊である。小型なので病院へ行く際には持っていくことを習慣づけてもいい。

この手の略語はグーグルで調べることも可能だが、たとえば「ＡＴＭ」ならAutomatic Teller Machine、つまり現金自動預け払い機、「ＣＴＯ」ならChief Technical Officer、つ

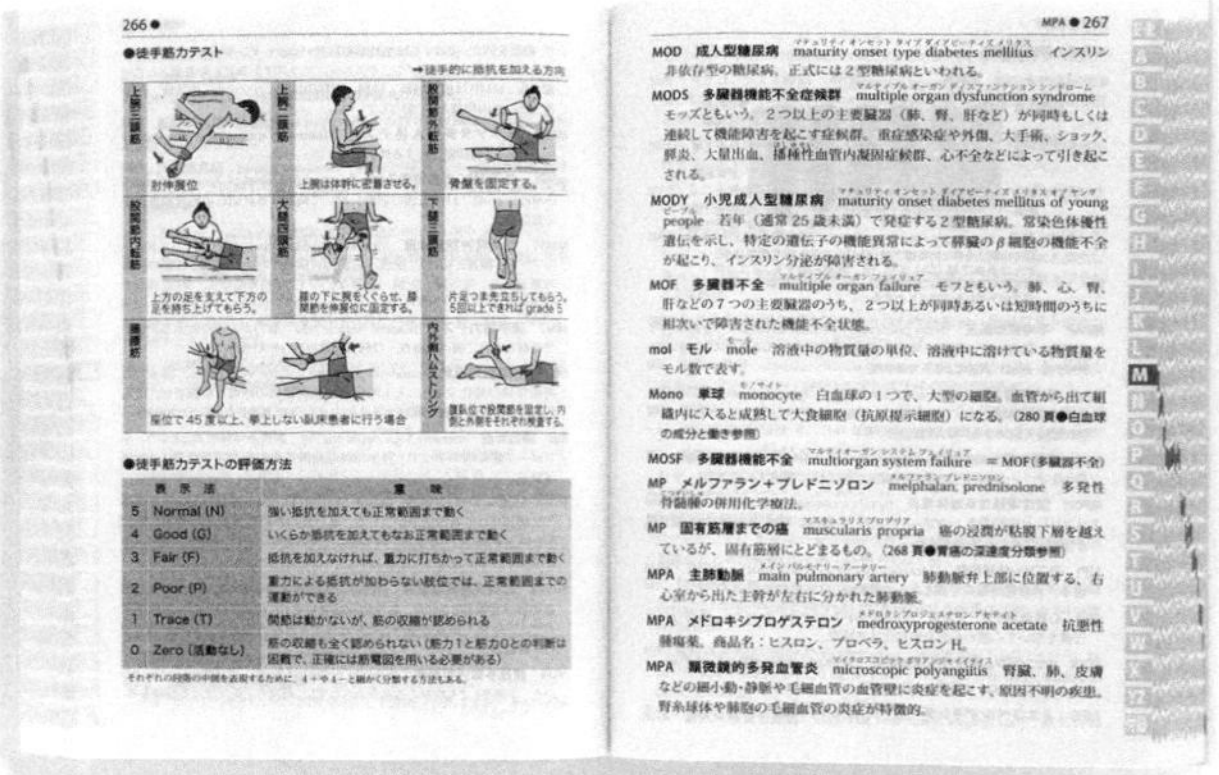
266●

●徒手筋力テスト

➡徒手的に抵抗を加える方向

上腕三頭筋　肘伸展位
上腕二頭筋　上腕は体幹に密着させる。
股関節外転筋　骨盤を固定する。
股関節内転筋　上方の足を支えて下方の足を持ち上げてもらう。
大腿四頭筋　膝の下に腕をくぐらせ、膝関節を伸展位に固定する。
下腿三頭筋　片足つま先立ちしてもらう。5回以上できれば grade 5
腸腰筋　座位で45度以上、挙上しない臥床患者に行う場合
内外側ハムストリング　腹臥位で股関節を固定し、内側と外側をそれぞれ測定する。

●徒手筋力テストの評価方法

表示法		意味
5	Normal (N)	強い抵抗を加えても正常範囲まで動く
4	Good (G)	いくらか抵抗を加えてもなお正常範囲まで動く
3	Fair (F)	抵抗を加えなければ、重力に打ちかって正常範囲まで動く
2	Poor (P)	重力による抵抗が加わらない肢位では、正常範囲までの運動ができる
1	Trace (T)	関節は動かないが、筋の収縮が認められる
0	Zero (活動なし)	筋の収縮も全く認められない（筋力1と筋力0との判断は困難で、正確には筋電図を用いる必要がある）

それぞれの段階の中間を表現するために、4＋や4－と細かく分類する方法もある。

MPA●267

MOD　成人型糖尿病　maturity onset type diabetes mellitus　インスリン非依存型の糖尿病。正式には2型糖尿病といわれる。

MODS　多臓器機能不全症候群　multiple organ dysfunction syndrome　モッズともいう。2つ以上の主要臓器（肺、腎、肝など）が同時もしくは連続して機能障害を起こす症候群。重症感染症や外傷、大手術、ショック、膵炎、大量出血、播種性血管内凝固症候群、心不全などによって引き起こされる。

MODY　小児成人型糖尿病　maturity onset diabetes mellitus of young people　若年（通常25歳未満）で発症する2型糖尿病。常染色体優性遺伝を示し、特定の遺伝子の機能異常によって膵臓のβ細胞の機能不全が起こり、インスリン分泌が障害される。

MOF　多臓器不全　multiple organ failure　モフともいう。肺、心、腎、肝などの7つの主要臓器のうち、2つ以上が同時あるいは短時間のうちに相次いで障害された機能不全状態。

mol　モル　mole　溶液中の物質量の単位、溶液中に溶けている物質量をモル数で表す。

Mono　単球　monocyte　白血球の1つで、大型の細胞。血管から出て組織内に入ると成熟して大食細胞（抗原提示細胞）になる。（280頁●白血球の成分と働き参照）

MOSF　多臓器機能不全　multiorgan system failure　＝MOF（多臓器不全）

MP　メルファラン＋プレドニゾロン　melphalan, prednisolone　多発性骨髄腫の併用化学療法。

MP　固有筋層までの癌　muscularis propria　癌の浸潤が粘膜下層を越えているが、固有筋層にとどまるもの。（268頁●胃癌の深達度分類参照）

MPA　主肺動脈　main pulmonary artery　肺動脈弁上部に位置する、右心室から出た主幹が左右に分かれた肺動脈。

MPA　メドロキシプロゲステロン　medroxyprogesterone acetate　抗悪性腫瘍薬。商品名：ヒスロン、プロベラ、ヒスロンH。

MPA　顕微鏡的多発血管炎　microscopic polyangiitis　腎臓、肺、皮膚などの細小動・静脈や毛細血管の血管壁に炎症を起こす、原因不明の疾患。腎糸球体や肺胞の毛細血管の炎症が特徴的。

まり最高技術責任者という答えが真っ先に出てきてしまって、医学用語にはなかなかたどり着けない。医学用語ではそれぞれ、Acute Transverse Myelopathy、つまり急性横断性脊髄障害、Chronic Total Occlusion、つまり慢性冠動脈完全閉塞である。バイタルサイン（VS）や禁煙の5Aアプローチ（5A）、レム睡眠（REM）とノンレム睡眠（NREM）など、健康知識も医学的に学ぶことができる。

販元の照林社は看護の専門出版社、編じているエキスパートナースは看護師向けの雑誌である。

新書サイズ比

縦14.8×横10.5×束幅2cm

『これで読める　茶席の禅語くずし字辞典』

淡交社編集局（編）

禅語は、読めるようになると面白くなる

●淡交社
●2009年2月
●336ページ
●2,808円

禅語とは、禅の教えを著したものであり、「一期一会」や「日々是好日」はその代表例である。茶室や料亭では、床の間にある掛け軸や鴨居の額に禅語がしたためられていることが多い。ただ、あまりに達筆な行書や草書のため、その道に通じた人にしか読めない。読めないとなると読みたくなるのが人情である。その願いを叶えてくれるのが、禅語によく使われる100の漢字を収めたこの辞典だ。

まず、読み解きたい禅語を見かけたら、それが何文字から成るのかを数え、その中から1文字だけ、これではないかという漢字を探し出す。たとえば全部で5文字で、2文字目が「雲」だと見当がついたら、「雲を含む禅語」のページの「5文字」の項目から、2文字目に「雲」のある禅語を探し出す。「山雲海月情」「青雲万里心」「白雲秋色作」などいろいろな候補が

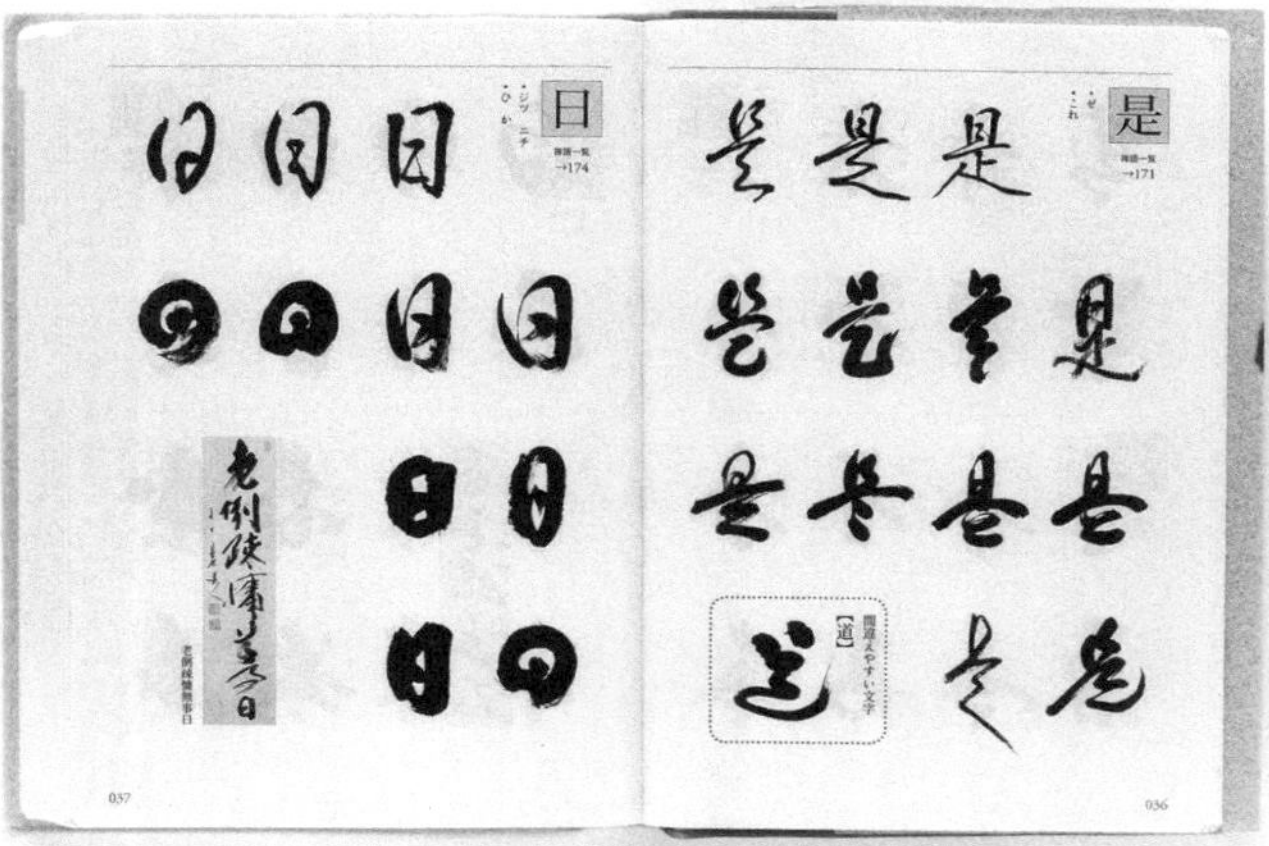

あるので、今度は「雲」以外の文字で当たりを付ける。たとえば1文字目の「山」「青」「白」を、この辞典で調べる。すると、それぞれ、どんなくずし字があるか、用意されているサンプルを当たればいいのである。このサンプルは100字について複数が用意されている。

禅語の外にも対象を広げた『覚えておきたい古文書くずし字200選』もいい。また、『新編 古文書解読字典』もあげておきたい。江戸時代から明治にかけての古文書・古記録から、くずされて書かれた字をコレクションした字典である。

新書サイズ比

縦21.2×横15×束幅2.8cm

『和製英語事典』

亀田尚己、青柳由紀江、J・M・クリスチャンセン

カタカナ英語はどこまで通じるか？

●丸善出版
●2014年1月
●320ページ
●4,104円

生ビールの「ジョッキ」やテレビの「リモコン」など、日本で生まれたにもかかわらず、英語に見える日本語を集め、それがどこまで通じるかを検証した事典。和製英語ゆえ、単語がアルファベット順ではなく五十音順で並んでいるところに愛嬌を感じる。その和製英語はネイティブにはどう聞こえるか、正しく伝えたければどんな言葉を使うべきかも記されているので、よくある「その英語は通じない」というだけの本よりも、ずっと役に立つはずだ。無論、収録している語彙数も、一般書よりずっと多く、第Ⅰ部だけでも500項目ある。

ネイティブに通じるか通じないかが、○△×のマークで可視化されているのも親切だ。「コインロッカー」などは立派な和製英語だが、これは通じるのだそうだ。

ネイティブによる和製英語の解説を読んでいると、英語圏と日本との文化の違いも見えて

ハイティーン　high teen
ハイテンション　high tension
ハイネック　high neck
ハイヒール　high heel

くる。たとえば、「カードローン」の項目。日本でカードと言えばクレジットカードだが、アメリカではデビットカードがかなり普及していることが読み取れる。デビットカードは、使った瞬間に持ち主の口座から代金が引き落とされる。口座に残っている金額以上は使えない仕組みなので、店はその場で決済ができ、客はローンを組みようがない。つまりデビットカードでカードローンはありえないということだ。正確には、「クレディット・カード・ローン」である。言葉だけでなく、日米の文化の違いも学べる一冊だ。

新書サイズ比

縦19×横13.2×束幅3.2cm

『敬語のお辞典』

「お」をつけるか、それとも「ご」なのか？

坂本達、西方草志（編著）

●三省堂
●2009年7月
●416ページ
●1,620円

テレビを見ていると、アナウンサーなど、話のプロといわれる人でも案外と敬語を正しく使えていないことに気がつく。素人はなおさらで、ブログやフェイスブックでも、食べ物については「いただく」と正しい表現になっているにもかかわらず、最後には「ご覧ください」ではなく「見てください」などと粗《あら》が出てしまっている例が散見される。

では、今から正しい敬語を身に付けるにはどうしたらいいのか。たとえば、原稿を丁寧に言おうとしたら「お原稿」なのか「ご原稿」なのか、学校では教わってこなかった。そんなときにはこの辞典に手を伸ばせば解決である。

「注意・用心」という項目のページを開くと「お気をつけて」「お備えになる」「ご安全」「ご身辺」、「人・息子」のページでは「ご子息」「御曹司」「坊ちゃん」「せがれ」などの豊富な

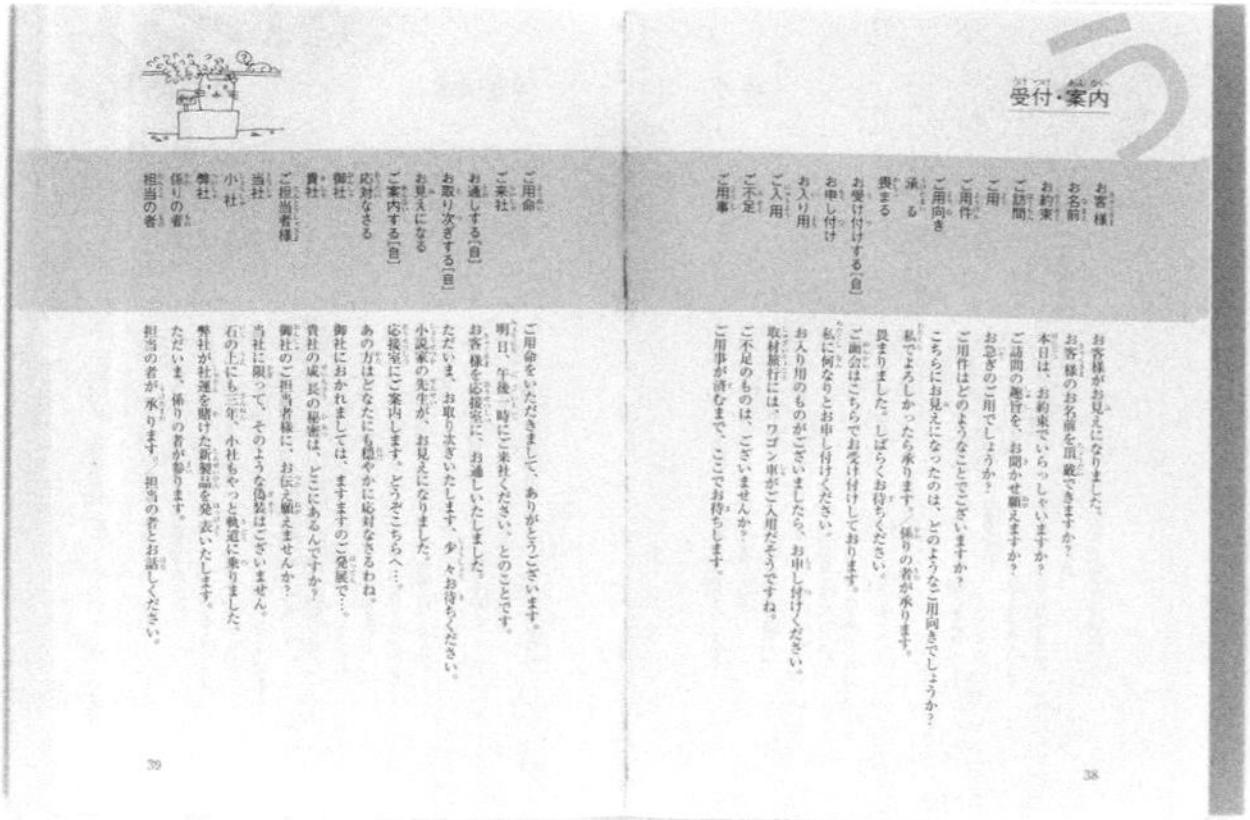

言い換え候補と、それを使った用例がまとめられている。しかも用例はすべて会話調なので、肩肘張らずに「へえ、こんな言い方もあるのか」と発見しながら読み進められる。接客業など敬語を口にする機会の多い仕事をしている人は、一度は読むべき辞典といえるだろう。

「お地味」という、一見、大げさに感じられる言葉も、敬語で言われれば悪い気はしない。約5000の会話例を、340の場面ごとにまとめている。敬語をマスターしたい外国人にも、使い勝手のいい一冊だろう。

新書サイズ比

縦18.8×横13.4×束幅3cm

『ゲームシナリオのためのSF事典』

クロノスケープ（著）／森瀬繚（監修）

これだけは押さえておきたいSF用語解説

●SBクリエイティブ
●2011年4月
●256ページ
●2,041円

かつてはSFの世界でしかあり得なかったようなことが、現実のものとなってきた。Siriなどの音声認識は当たり前になったし、ビーム兵器やレールガン（電磁兵器）も米軍が開発を進めている。

ノンフィクションになりつつあるサイエンス・フィクションの世界のこと・もの・暗黙のルールを、平易な言葉で解説したのがこの事典だ。「シリコン生命体」「軌道エレベータ」「不老不死」など、15年ほど前には夢物語で、しかし今となっては現実味を帯びているものが多いので、眺めていると新しいビジネスのアイデアが生まれてきそうだ。

ただ、難しい本ではない。タイトルに〝ゲームシナリオのための〟とあるように、これはSFをテーマにしたゲームをつくる人のための手引きなので、SFマニアのためのそれとは

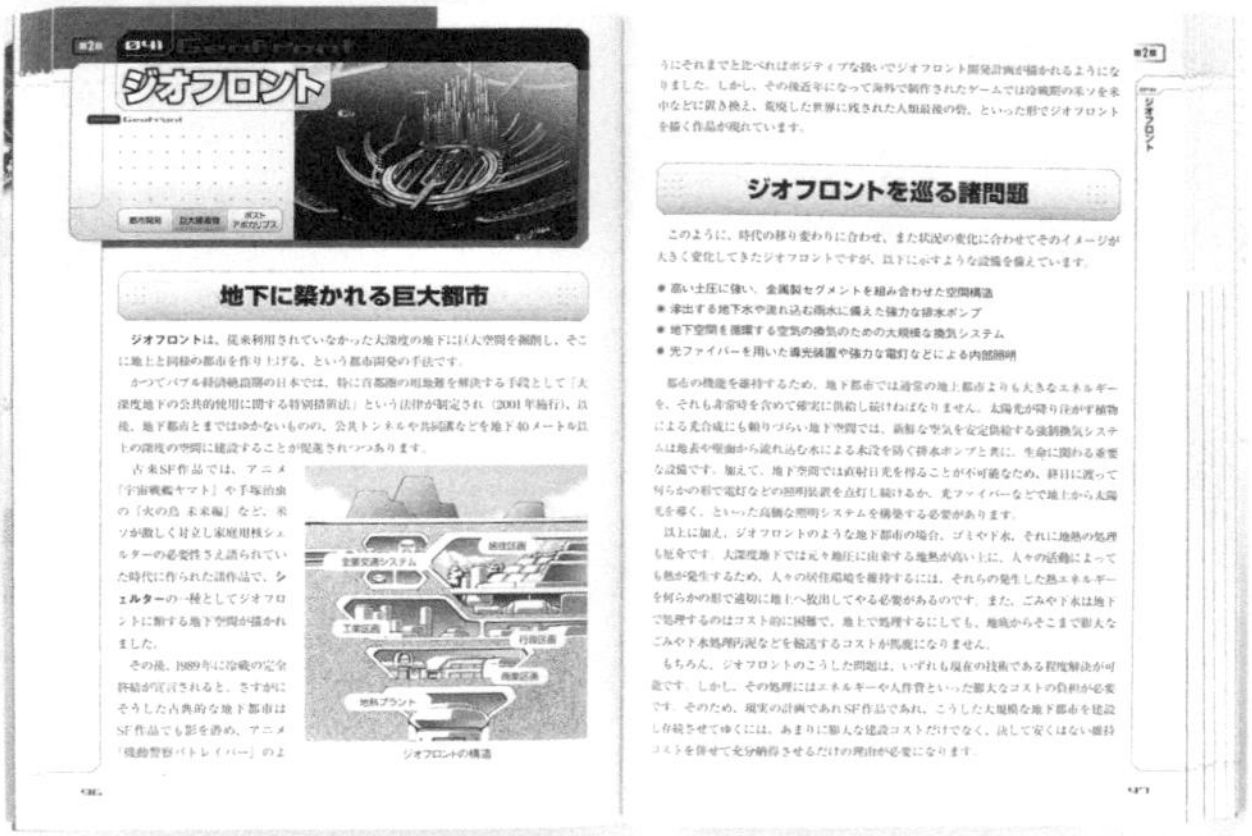

違い、広く浅く誇張なく、門外漢にもわかりやすく書かれている。何冊ものＳＦ小説を読まずにＳＦの世界観を把握するには、うってつけの一冊といえる。ただ、リアリティを追求して創作活動をするには、これほどまでに細部まで情景をイメージしておかないといけないのかと、プロの仕事術に脱帽してしまう。

この『ゲームシナリオのための』シリーズには、ファンタジー、ミステリ、ミリタリー、クトゥルー神話などがあるが、どれも、その分野の入門書として優れている。

新書サイズ比

縦21×横15×束幅2.4cm

『てにをは辞典』

小内一（編）

持っているだけで文章がうまくなった気になる

●三省堂
●2010年9月
●1824ページ
●4,104円

パソコンで文章を書いていると、ワードが「その表現は間違っている」とアラートを出すことがある。「真相を」とまで書いてから「さぐる」が正しいか「えぐる」が正しいのか、はたまた別の言葉があるのかを知りたければ、グーグルで「真相を」と検索すれば、なんとなく正解がつかめる。ただ、その正解はなんとなくでしかない。誰が書いたか定かでないネット上の文章で、そういう用例があることしかわからないからだ。ワープロの機能も「こういう言葉もありますよ」という提案まではしてこない。辞書で言葉を調べても、ほかのどんな言葉と組み合わせればよいのか迷うこともしばしばだ。

そこで、この辞典である。書名からは、正しい〝てにをは〟の使い方が書かれた辞典という印象を受けるが、そうではない。助詞を挟んで、どんな言葉を結びつけて文章をつくること

ができるのか、膨大な組み合わせを示してくれるのだ。著者はこれを「結合語」と称している。たとえば「真相」を引くと、「口走る」「問い質す」「闇に閉じこめる」「穿《うが》つ」などが続きうることを示してくれる。逆パターンにも対応していて「穿つ」で調べれば「トンネルを」「微に入り細を」「憎悪が心に錐《きり》を」などといった言葉がその前に来てもいいことがわかる。

　著者は校正者。20年がかりで250人の作家の作品から60万の用例を集め、3万5000の見出しのもとにまとめ上げた。

新書サイズ比

縦19.6×横14.2×束幅3.8cm

書くための事典

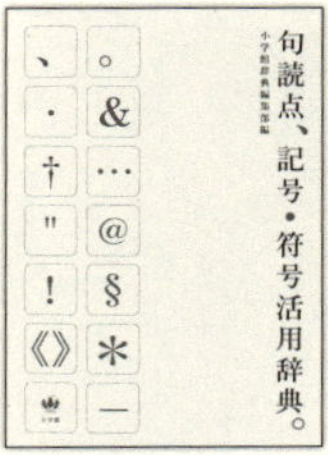

『句読点、記号・符号活用辞典。』

小学館辞典編集部（編）

日本語⇕記号の翻訳書

●小学館
●2007年9月
●322ページ
●2,376円

≒、§、‡、◇——。これらはなんと読むだろうか。普段は何気なく目にしていて、手では簡単に書けるものの、ワードで出そうとすると、はたとキーボードを打つ手が止まるような記号や符号は意外と多い。それらの正式名称と用例、細かな説明がまとめられている。音楽記号や単位の記号など、人間は実にさまざまな記号に囲まれて生活していることに気付く。

用例や解説も充実しているが、とにかく紙面が美しい。黒と赤の二色刷りだが、メリハリのあるレイアウトになっているのだ。ツメカケにも記号や符号が印刷されているので、パラパラと探すにも便利な仕上がりとなっている。

また、どうやったらその記号・符号がパソコン入力できるかも書かれているので、論文や報告書などを書くことが多い人におすすめできる。ほかにどんな人がこの辞典を買うのだろ

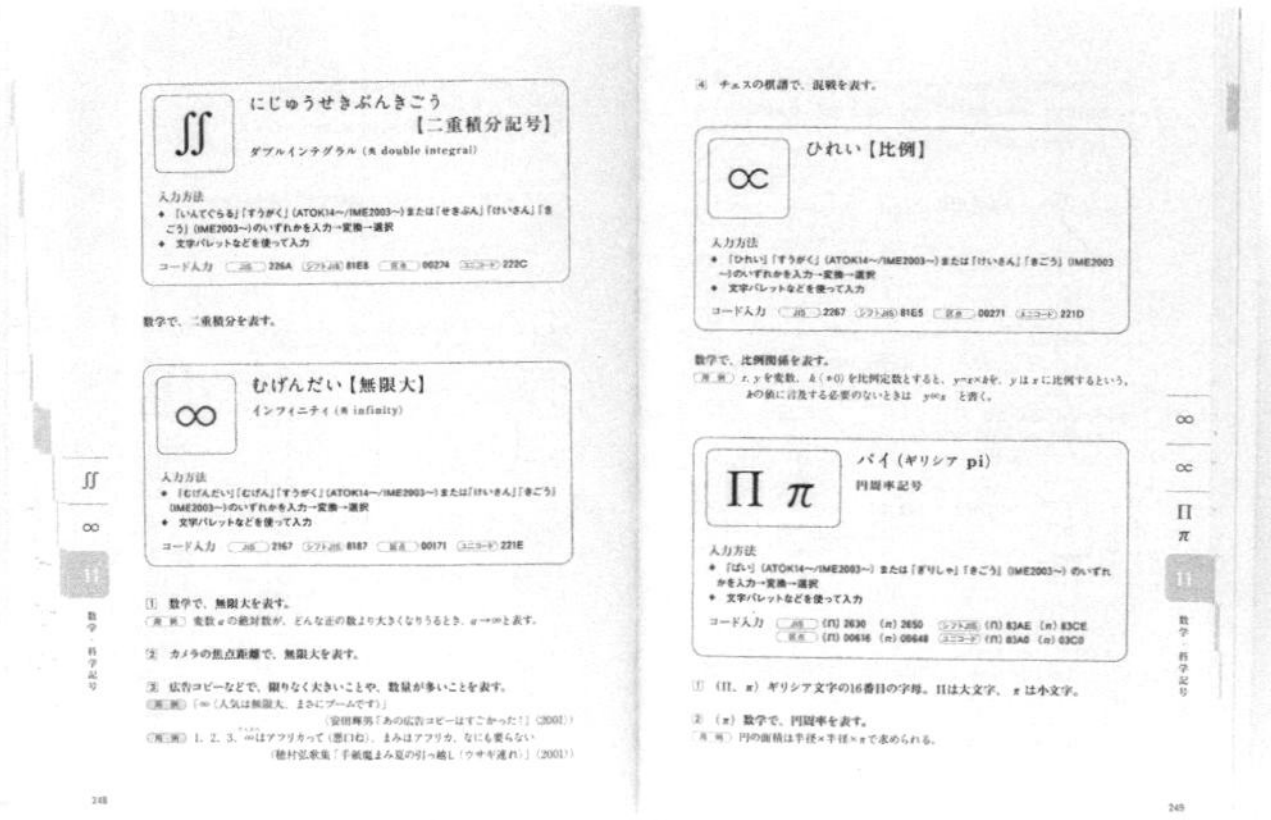

にじゅうせきぶんきごう
【二重積分記号】
ダブルインテグラル（英 double integral）

入力方法
- 「いんてぐらる」「すうがく」（ATOK14～/IME2003～）または「せきぶん」「けいさん」「きごう」（IME2003～）のいずれかを入力→変換→選択
- 文字パレットなどを使って入力

コード入力　JIS 226A　シフトJIS 81E8　区点 00274　ユニコード 222C

数学で、二重積分を表す。

むげんだい【無限大】
インフィニティ（英 infinity）

入力方法
- 「むげんだい」「むげん」「すうがく」（ATOK14～/IME2003～）または「けいさん」「きごう」（IME2003～）のいずれかを入力→変換→選択
- 文字パレットなどを使って入力

コード入力　JIS 2167　シフトJIS 8187　区点 00171　ユニコード 221E

1 数学で、無限大を表す。
用例 変数 a の絶対数が、どんな正の数より大きくなりうるとき、$a\to\infty$と表す。

2 カメラの焦点距離で、無限大を表す。

3 広告コピーなどで、限りなく大きいことや、数量が多いことを表す。

4 チェスの棋譜で、混戦を表す。

ひれい【比例】

入力方法
- 「ひれい」「すうがく」（ATOK14～/IME2003～）または「けいさん」「きごう」（IME2003～）のいずれかを入力→変換→選択
- 文字パレットなどを使って入力

コード入力　JIS 2267　シフトJIS 81E5　区点 00271　ユニコード 221D

数学で、比例関係を表す。

パイ（ギリシア pi）
円周率記号

入力方法
- 「ぱい」（ATOK14～/IME2003～）または「ぎりしゃ」「きごう」（IME2003～）のいずれかを入力→変換→選択
- 文字パレットなどを使って入力

コード入力　JIS （Π）2630　（π）2650　シフトJIS （Π）83AE　（π）83CE
区点 （Π）00616　（π）00648　ユニコード （Π）03A0　（π）03C0

1 （Π、π）ギリシア文字の16番目の字母。Πは大文字、πは小文字。

2 （π）数学で、円周率を表す。
用例 円の面積は半径×半径×πで求められる。

248　249

うと考えてみたが、やはり読書好きではないだろうか。各項目の説明もさることながら、ところどころに差し込まれているコラムも実に面白い。

巻末の「形態索引」も素晴らしい。外見の特徴から目的の記号・符号を探し出せるというもので「名称索引」より使う機会が多そうだ。

なお、この項で最初に挙げた記号・符号はそれぞれ、きんじ（近似）、せくしょん、だぶるだが―、しかく（四角）と入力すれば変換できる（日本語入力システムATOKの場合）。

新書サイズ比

縦21×横15×束幅2.4cm

『官能小説用語表現辞典』

絶対に持ち運んではいけない本

永田守弘（編）

●筑摩書房
●2006年10月
●368ページ
●842円

官能小説は、読むことを楽しむ人もそれなりにいるが、書くことを喜びとする人も意外と多い。そうでなければ、これほど多くのノウハウ本が絶えず刊行されつづけるわけがない。事実ボクの周りでも、趣味で執筆している人の話をしばしば耳にする。２０１５年に日本でも公開された映画『フィフティ・シェイズ・オブ・グレイ』も、イギリス人女性が趣味で書いていた官能小説が原作である。

さて、かつてマガジンハウスが発行していた雑誌『ダカーポ』に、『くらいまっくす』というコーナーがあった。官能小説のまさにクライマックスシーンだけを抜き書きしたもので、いったいどういった人がこのページを担当しているのだろうと思っていたが、答えはこの永田守弘氏であった。

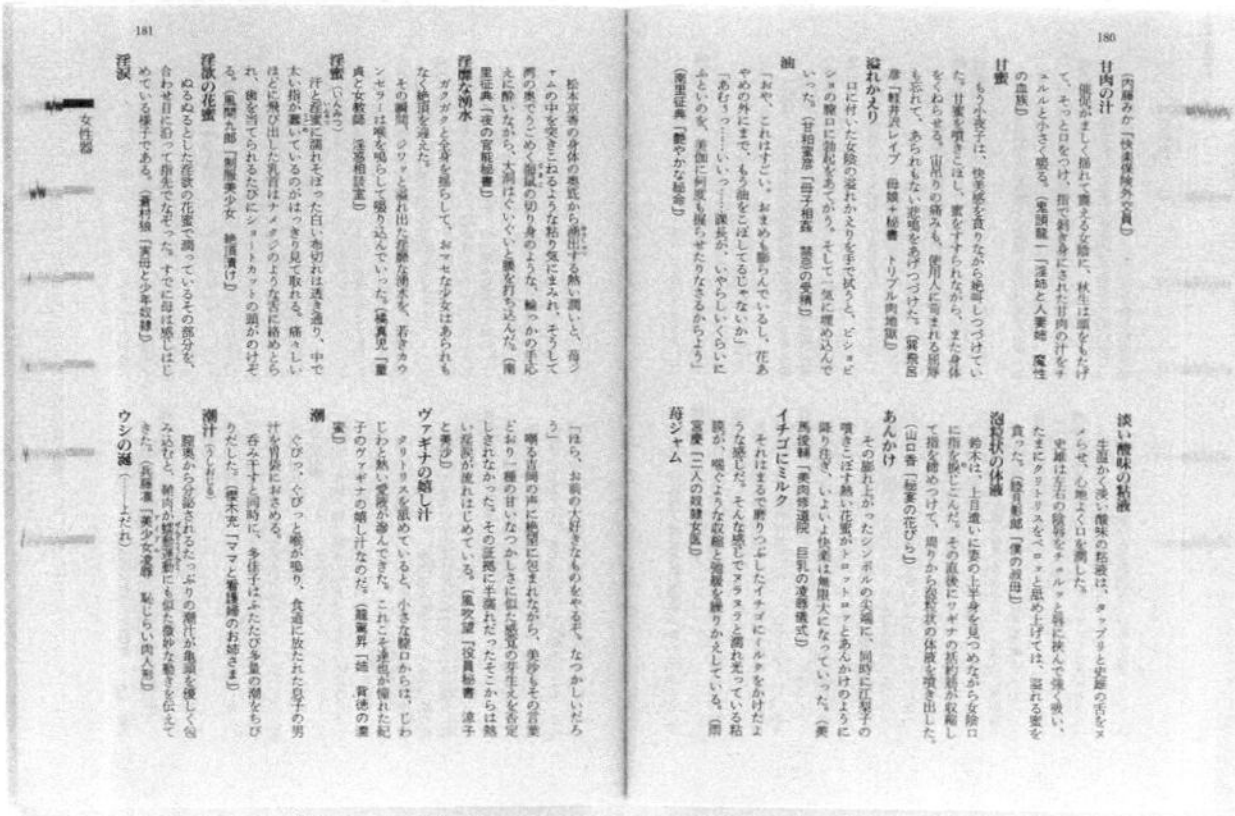

この辞典は、２００５年以前の官能小説６６３冊から永田氏が集めた用語を収録したものである。出典のデータにもぬかりがなく、永田氏があとがきで書いた〈官能小説がいっそう豊かに淫らなものとなり、それを享受する読者がいっそう性のイマジネーションの歓びを深めることができますように——。〉という思いが、どのページにも満ちている。

眺めているといろいろな意味でクラクラしてくる。文庫で軽いからといって、人目のあるところで読むのはおすすめできない。

新書サイズ比

縦14.8×横10.6×束幅1.6cm

書くための事典

『世界名言大辞典』

困ったときは、誰かの名言で余白を埋める

梶山健

●明治書院
●1997年1月
●604ページ
●4,104円（品切れ・重版未定）

所有する辞書事典の中でもかなり活用率が高いのがこの辞典だ。たとえば、大河内直彦著『チェンジング・ブルー』（岩波現代文庫）のための解説文で、ボクはアインシュタインの次の言葉を引用した。〈過去から学び、今日のために生き、未来に対して希望を持つ。大切なことは、何も疑問を持たない状態に陥らないことである。〉これは、この辞典から見つけたものだ。

名言や格言を集めた事典は世に何冊もある。重要なのは言葉の内容だけでなく、それが誰の言葉であるかだ。最もいいのは、名言を引用する側も、その引用文を読む人も知っている人物による名言が8割、引用する側は知っているけれど読む人は知らない人物によるものが2割からなる事典である。引用する側も読む側も知らない人物ばかりが並んでいるようでは使い勝手が悪い。この辞典はそのバランスが素晴らしい。

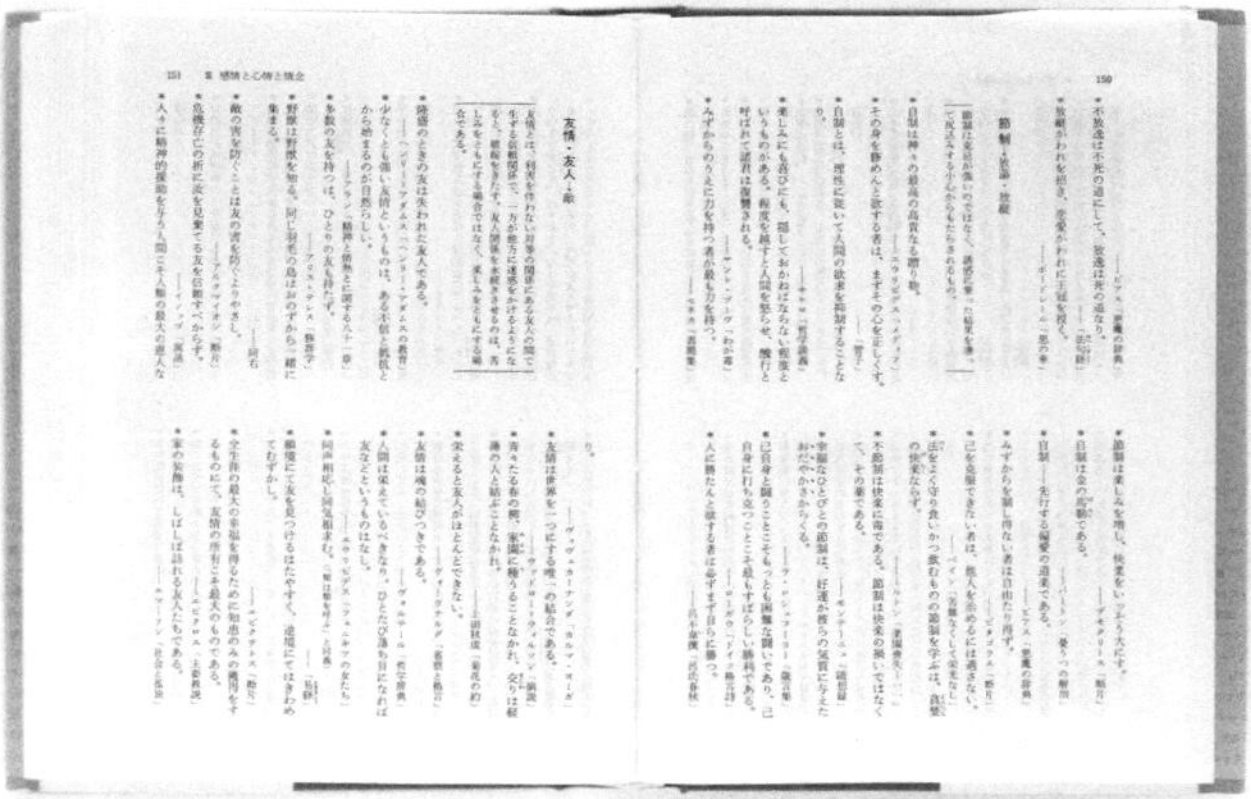

他にも、『名言　人生を豊かにするために』（里文出版）からは〈状況？　なにが状況だ。状況は俺がつくるのだ。〉を引用したことがある。言ったのはナポレオン・ボナパルトで、おそらく状況という文字も彼の辞書にはなかったに違いない。『アフォリズム　５２５の格言集』（NORTH VILLAGE）も愛用している。ほかの格言集にはあまり見あたらない「ギャンブル」や「セックス」といったテーマがあり、パリス・ヒルトンなど比較的新しい人の名言も登場している。

新書サイズ比

縦21.2×横14.6×束幅3.6cm

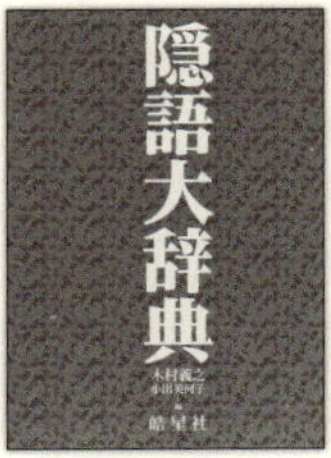

『隠語大辞典』

木村義之、小出美河子（編）

電子化を切に願う超大型＆高額本

●皓星社
●2000年4月
●1,696ページ
●30,240円

隠語という言葉のジャンルがある。一般化されておらず、特定の職業や社会の中で使われている言葉で、符丁とも呼ばれる。言葉を手掛かりにして、自分の知らない業界を覗き見する楽しさがあり、ボクはこの類の言葉に妙に関心が高い。

本書は、この本で紹介する中で最も高額で、かつ、おそらく最も重い辞典である。体重計で測ってみたら、２・９５キロもあった。新生児並みの重量である。見出し語の数は１万８０００、総データ件数６万３０００件。その大辞典に収められているのは、かつての業界用語、つまり現代の辞典にも、ネット上にもない言葉ばかりである。

たとえば「くちばり」を引くと、その意味は賭博行為におけるサクラであることと、その出典が１９５６年の警察隠語類集であることがわかる。「メイ的」は、１９３２年のマドロ

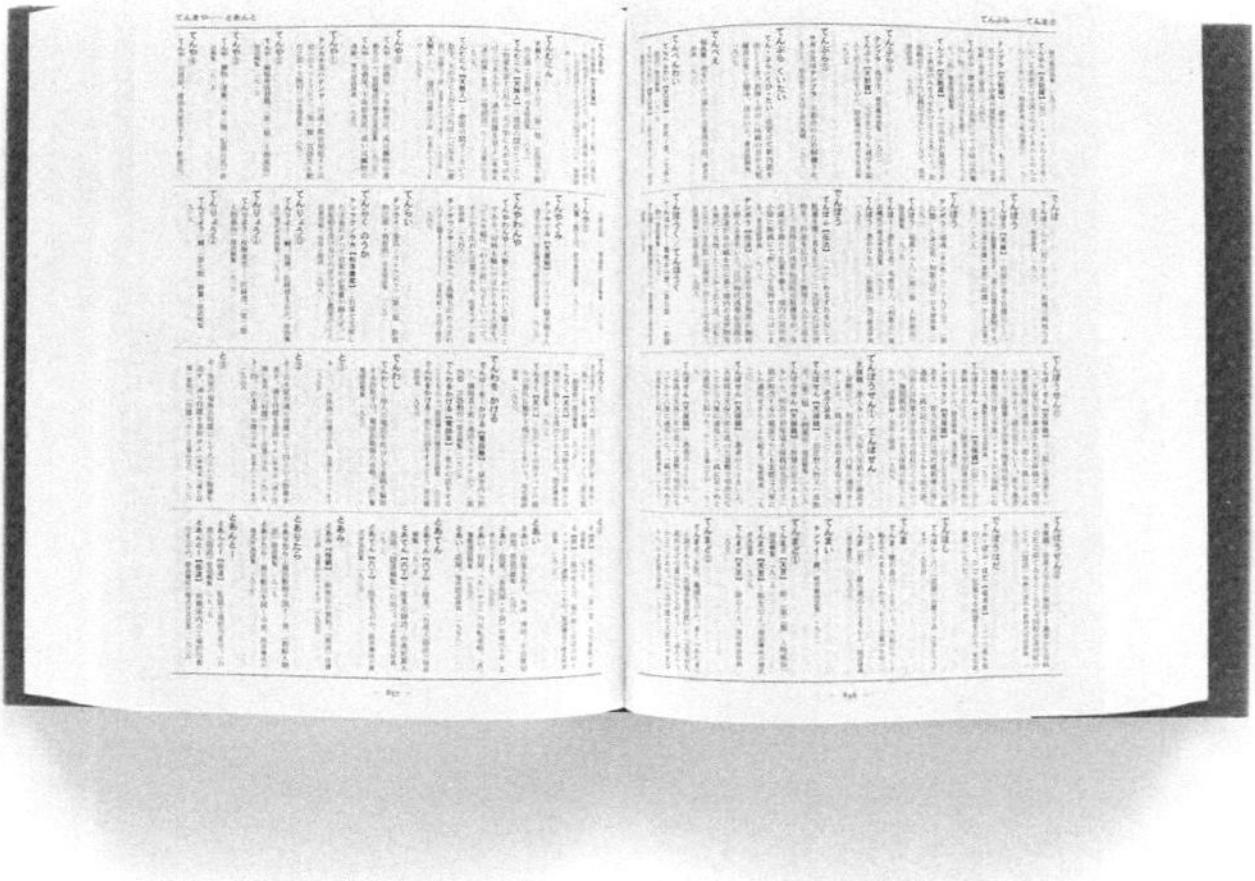

スエロ隠語によると料理屋の女中のことで、その語源はメイドだそうだ。「おたけ」には1910年の諺語《げんご》大辞典をもとに、大阪で下女のことをいうと書いてある。このおたけさんは、歌舞伎にも時折登場する。端役にもかかわらずそう呼ばれるのは、別に彼女の名前なのではなく、一般名称なのである。

　読み進めるたびに新たな発見があり、驚くことしきりなのだが、いかんせん、重い。引く辞典としても有用なので、電子化し、出典の年代別や業界別に参照できるようにしてもらえるとありがたい。

縦27.6×横20.4×束幅8.2cm

『集団語辞典』

同業者同士のコミュニケーションツール

米川明彦（編）

●東京堂出版
●2000年3月
●856ページ
●6,264円
（品切れ・重版未定）

これも『隠語大辞典』と同様に、業界用語満載の辞典だが、用例が新しい。新しい分、実にリアルに感じられる。

米川氏によると、若い女性はおしゃべりの場などで若者語を発展させるのに対し、若い男性は、情報交換や地位向上のために、業界用語を発展させる傾向にあるという。

たとえば「いまはん」は、「今から半額」の略で、演目が残り少なくなったため、入場料が半額になること。「しぬ」は証券マンが客に損をさせて信用を失い、関係が切れてしまうこと。「でんきいす」は、テレビスタジオ内で、ディレクターが座る椅子のことで、視聴率におびえることからそのように呼称されている、「ベランダ」はベテランのおかまのことで、類語に「シーラカンス」があるなど、読めば読むほど「嘘だろう」と「ありそう」が、交錯

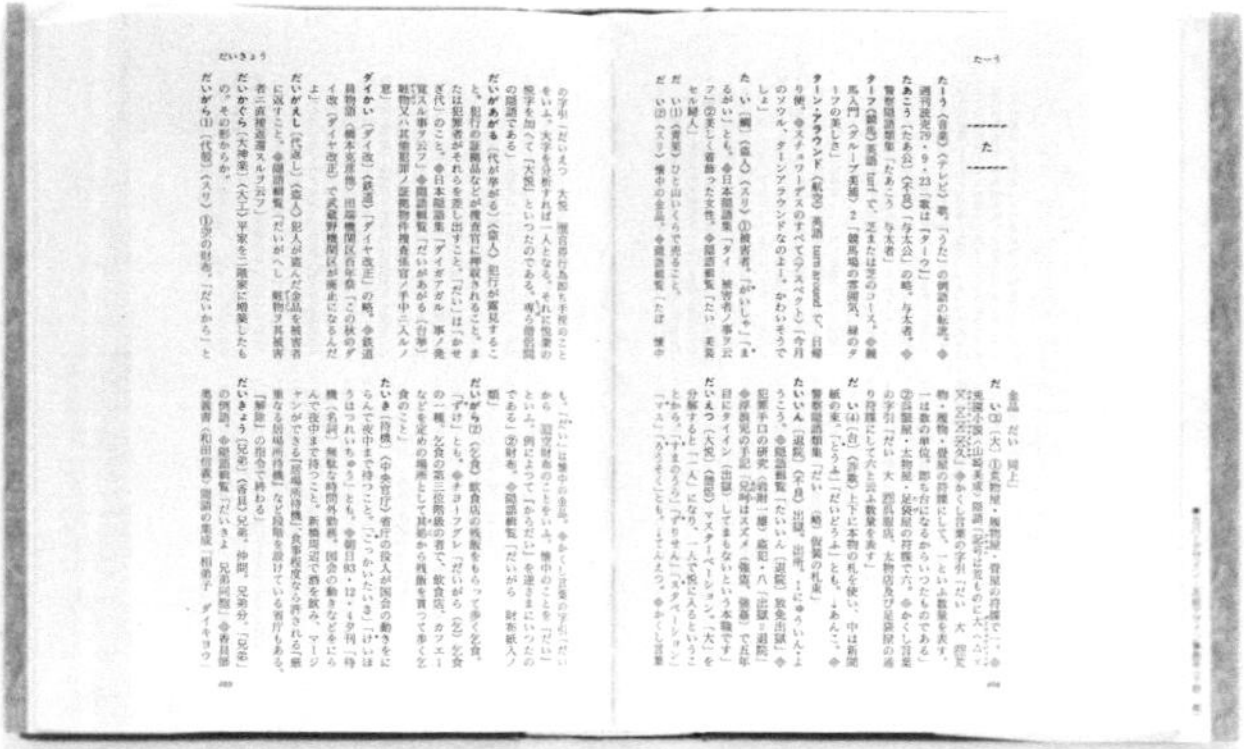

する辞典となっている。

この辞典は、読んで知識を得るだけでなく、発想の方法も学べる。「いまはん」からは言葉の省略方法のセオリーがわかるし、「しぬ」からは何がその職業にとって致命的なのかが伝わってきて、ではほかの職業で「しぬ」に値する行為はなんだろうと想像が膨らむ。なので、辞書事典マニア向けの読み物としてだけでなく、キャッチコピーをつくるような仕事をしている人の相棒としても優れた一冊と言える。

新書サイズ比

縦19×横14.2×束幅4.6cm

『暗号解読事典』

フレッド・B・リクソン（著）／松田和也（訳）

手旗信号、サイファ、未解読の古代文字まで

●創元社
●2013年12月
●632ページ
●4,860円

暗号は、エネルギーは質量かける光速の二乗であるとか、磁界の中を電流が流れると力が発生するといった自然科学のルールとは異なり、人間がつくりだしたルールにのっとるものだ。だが、同じように人間がつくった法律というルールとは異なり、そこに解釈の入る余地はない。「これは過失ですね」とか「その場合は執行猶予ですね」といったような、状況に左右されるブレが一切ないのである。決められたルール通りに粛々《しゅくしゅく》と暗号化し、決められたルール通りに粛々と復号しないと、暗号として機能しない。

そのユニークな暗号という存在を、どれかひとつの暗号に特化するのではなく、また、暗号を解いた誰かにスポットライトを当てた物語にするのでもなく、網羅したのがこの一冊だ。事典であり、暗号の歴史書であり、科学としての暗号入門書であり、読み物でもある。イラ

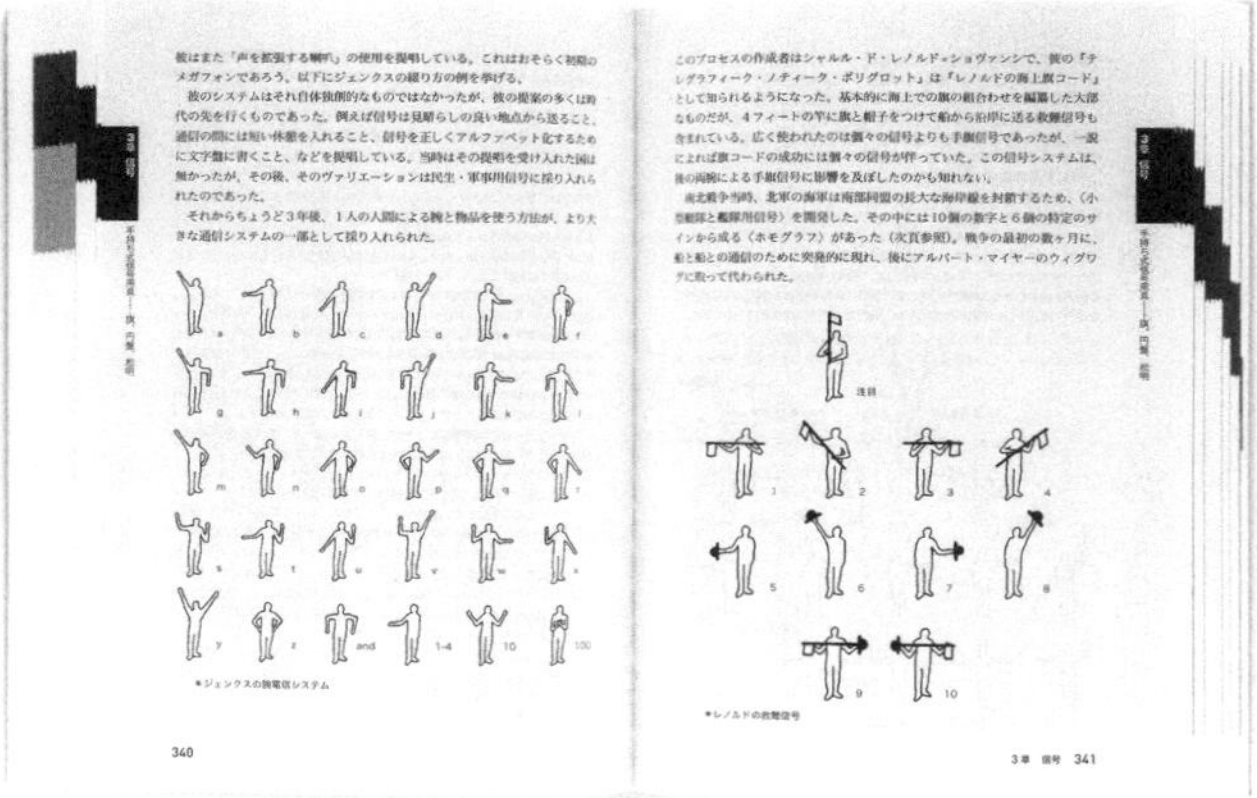

ストも、また、著者が軍事史・スパイ史の大家であるという事実も、暗号へのほのかな憧れを否応なくかき立てる。忘れてはならないのは、タイトルが『暗号事典』ではなく『暗号解読事典』であることだ。圧巻は未解読暗号のクイズページだろう。解けるはずがないとわかっていながら、ひとつくらいは解けるのではないかとつい挑戦したくなってしまう。

ここで取り上げられている『ヴォイニッチ写本』については、その名も『ヴォイニッチ写本の謎』(青土社)というおすすめの一冊がある。

新書サイズ比

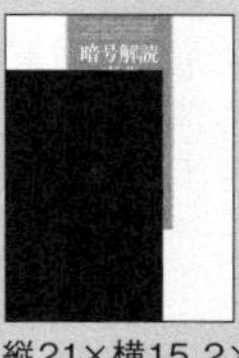

縦21×横15.2×
束幅4.2cm

『祝詞用語用例辞典』

加藤隆久、本澤雅史、土肥誠（編著）

神主必携のハンドブック

●戎光祥出版
●2011年10月
●272ページ
●4,104円

東京の代々木に「ＢＯＯＫＳ鎮守の杜」という書店がある。明治神宮からほど近いという立地から想像できるように、ここは神社と神道の専門書店。そこでついふらりと買い求めてしまったのが、この辞典である。

版元のサイトに「御神前に奏上する祝詞を作文するために必要となる７７５種にも及ぶ祝詞用語や慣用句を厳選して収録しました。その用語・用例を解説した神職必携の辞典です」とある通り、オリジナルの祝詞《のりと》をつくる人にとっては手放せない辞典だろう。祝詞をつくらない身にとっても、神社で呪文のように聞こえる祝い詞が、どんな意味をもっているか、日本人として知っておくのも悪くない。聞けば耳に残る「かしこみかしこみも」とは漢字ではどう書いて(恐み恐みも)、どういう意味なのか(恐れ慎んでという意味だ)がわかる。

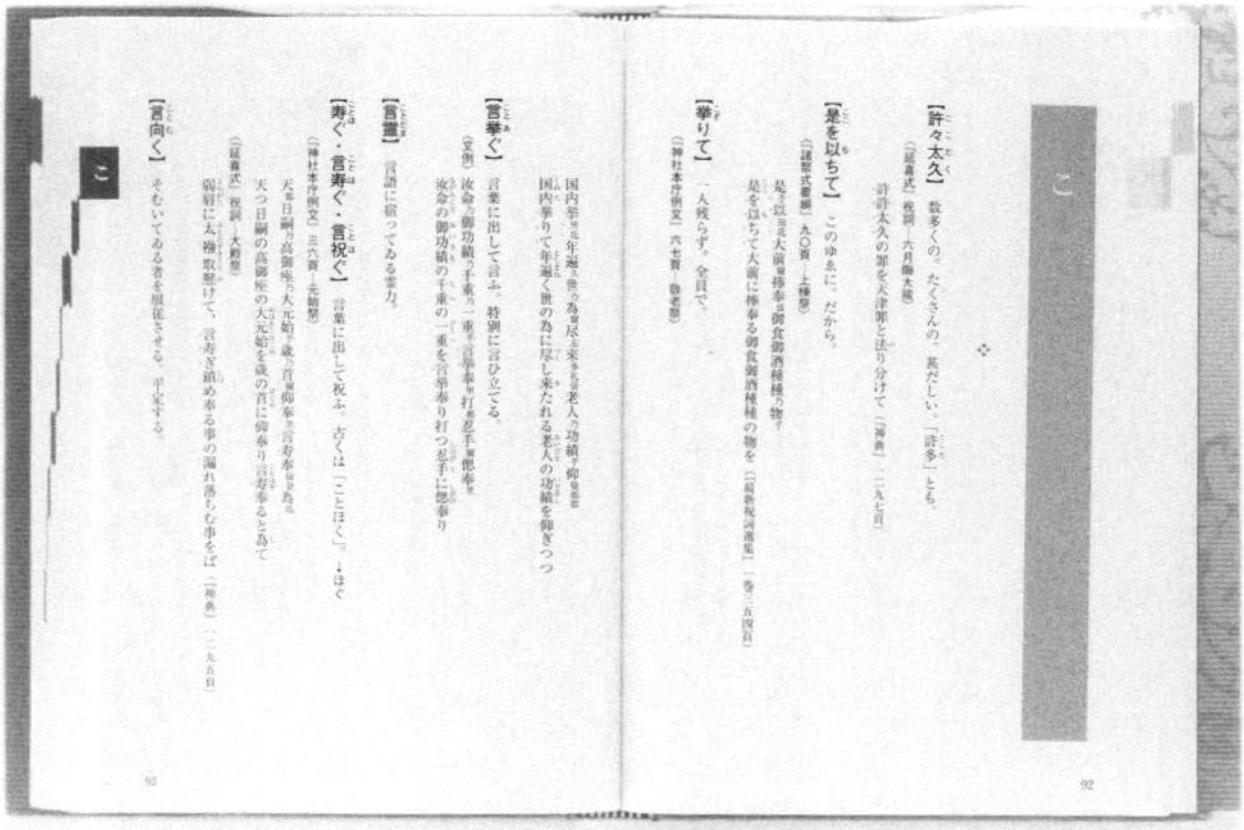

興味深いことに、見出し語には、左右にかなが振られているものがある。たとえば「猶預ふ」の右には音読用に「たゆた(ふ)」と、左には旧仮名遣いで「(たゆ)とう」とかながあり、声に出すこと、書にしたためることを前提にしていることがよくわかる。用語解説も旧仮名遣いである。なお、編者のうち加藤隆久氏は、生田神社宮司であり、神社本庁長老である。神社本庁には長老という役職があることをここで初めて知った。

これを機に祝詞に挑戦したい方は『書き込み式祝詞練習帳』（扶桑社）もおすすめする。

新書サイズ比

縦20.8×横14.6×束幅1.4cm

『城のつくり方図典』

名城、大解剖！

三浦正幸

●小学館
●2005年3月
●258ページ
●3,024円

これから城を建立する予定のない人にもおすすめの、城ブックである。５章立て、フルカラー２５０ページで図版も写真も惜しみなく使われていて、図典の名に恥じないし、ハードカバーであるのもいかにも図典というたたずまいで好ましい。

内容は書名の通りで、曲輪《くるわ》（城を構成する区画）を築くところから始まり、土塁の盛り方、天守の上げ方など、城の構造に関わることが丁寧に書かれていて、土木関係者ならこの一冊があることで実際に城をつくれるのではないかと思う。土木関係者でない人は、時代小説を読んでいるときやテレビで城を見たときに浮かぶ疑問を解くために備えるといいと思う。城めぐり好き、時代劇好き、城の模型好きにもバイブルと言える存在だ。

それにしても、なぜ、これから城を建立する人がいそうにもないこの時代に、小学館のよ

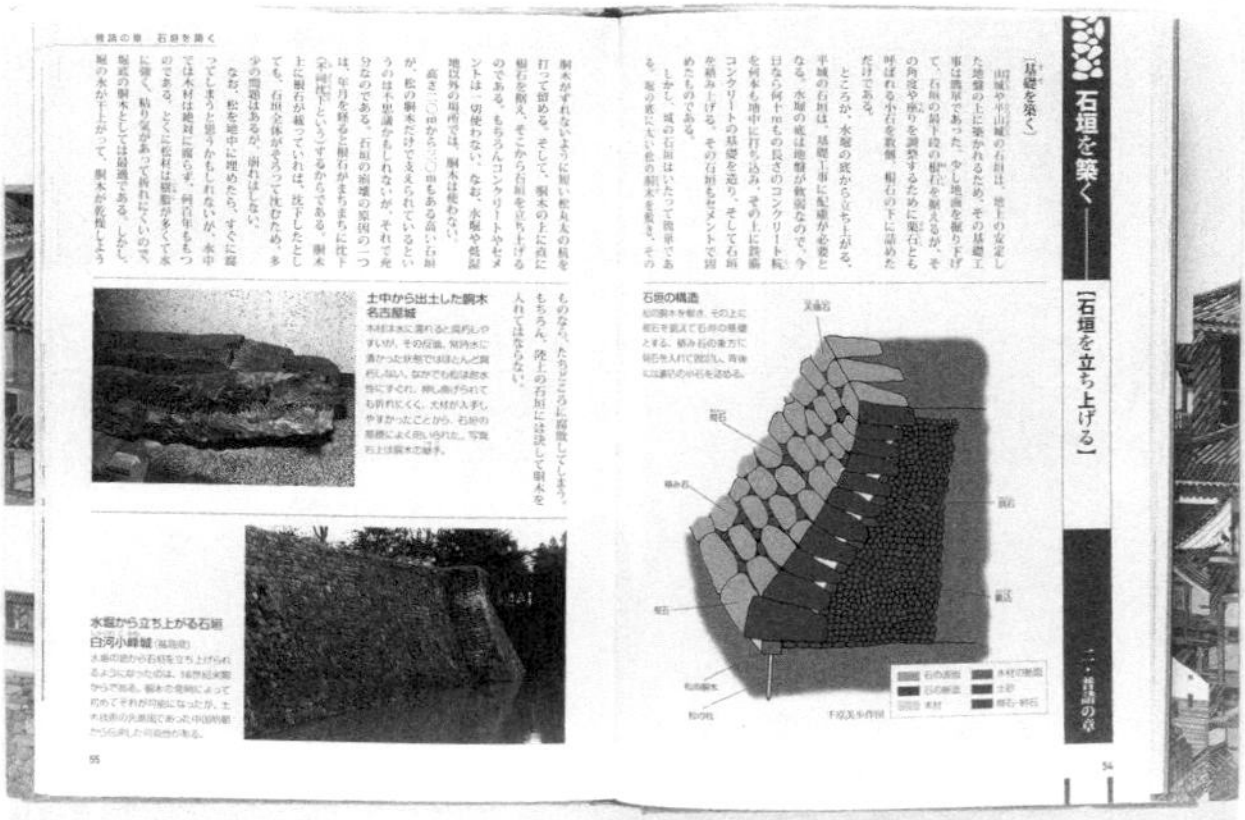

うな大手出版社が、このようなマニアックな図典の出版にいたったのか、つい、事情を知りたくなってしまうが、丁寧につくった本はきちんと売れるのだなとしみじみ思う。なお、編集協力と校正は、歴史分野に強いことで知られる三猿舎が担当している。ボクの好きなドキュメンタリー番組に、日本のすぐれた技術や文化を紹介する『和風総本家』があるが、「日本っていいな」と感じさせる点で、この番組とも相性がいいだろう。

城ごとに詳しく知りたい向きには、『国別 戦国大名城郭事典』（東京堂出版）がある。

新書サイズ比

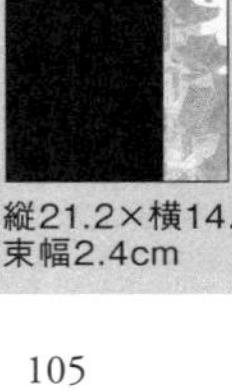

縦21.2×横14.8×束幅2.4cm

『探検と冒険の歴史大図鑑』

「世界の果て」を広げる旅

樺山紘一（監訳）／こどもくらぶ（訳）

●丸善出版
●2015年5月
●288ページ
●9,720円

かなり大判の図鑑である。描かれているのは、過去の偉人たちの探検と冒険の軌跡。地図に加え、想像力をかき立てる写真が惜しみなく並べられている。新大陸の開拓から始まり、香辛料を求める旅、直近の深海や宇宙開発——。探検と冒険の対象として扱う範囲は、21世紀の今や、地球外にまで及んでいる。参考資料「100人の探検家たち」もいい。

地理や歴史を声高に語るのは学者や政治家ばかりの世の中になって久しいが、彼らがそれをできるのは、道なき道を切り開いたエクスプローラーたちがいたからである。それをつくづく実感させられ、自ずと尊敬の念が湧き上がってくる。すると、世の中の見え方が変わる。

たとえば、欧州人として初めてアフリカ大陸を横断したデイヴィット・リヴィングストンについて記したページを見ると、暗黒大陸と呼ばれ、ほとんどヨーロッパではその実態が知

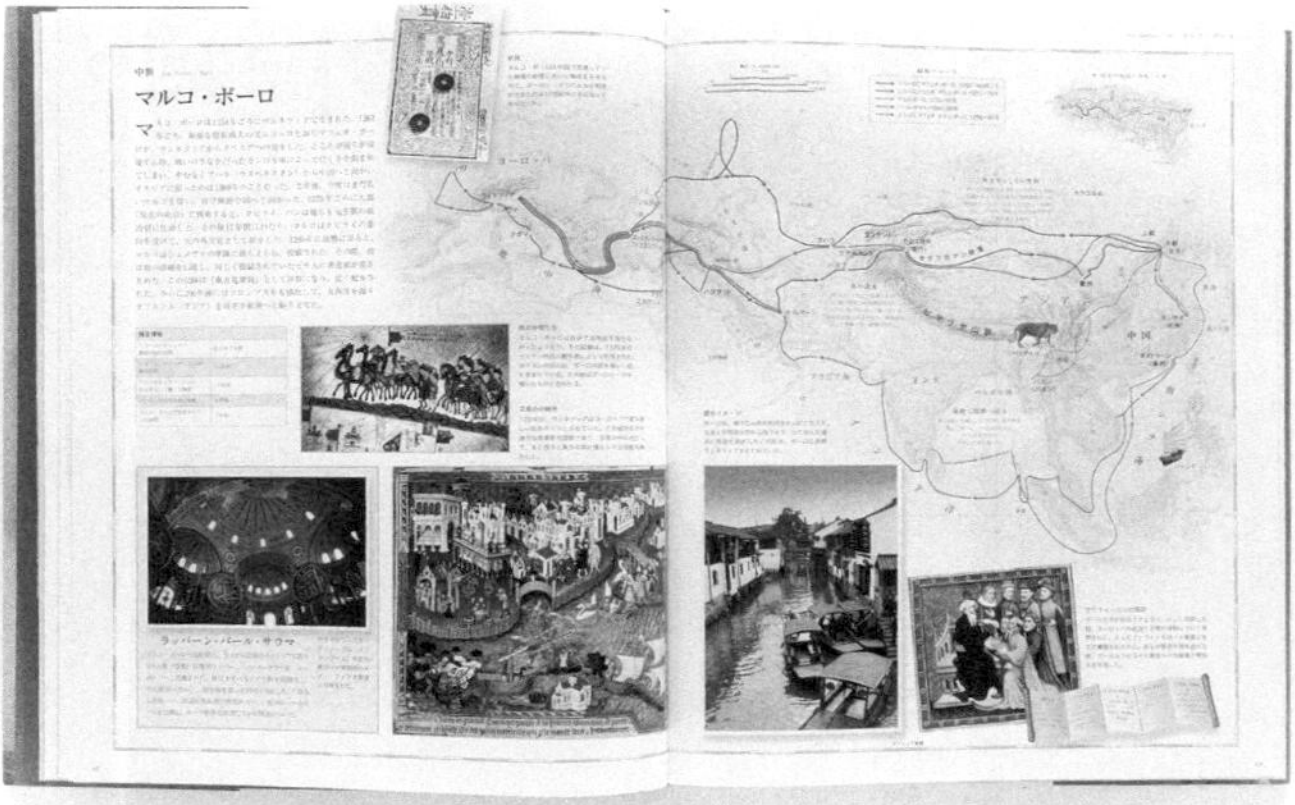

られていなかったアフリカを、彼がどのようなルートで歩き、それがその後のアフリカ、そして世界にどんな影響を与えたかがよく理解できる。すでにアフリカに浸透していた奴隷貿易をイギリスに知らしめ、正当な交易を結ぶことにより奴隷制度を廃止させようとしたが、結果的に宣教師たちによる植民地支配を促すこととなった。たとえばこれから急成長するアフリカ市場でビジネスをする場合、こうした歴史を知っているのといないのとでは大きな差が生まれると思う。

新書サイズ比

縦34.2×横27×束幅3cm

ディープな事典

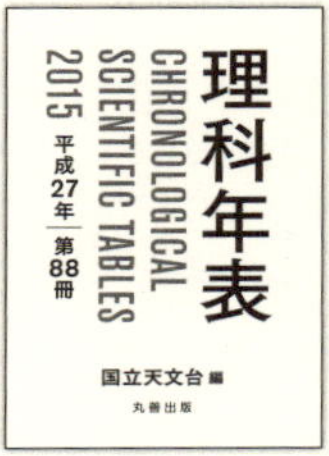

『理科年表［ポケット版］』　国立天文台（編）

毎年改訂版がつくられる、最新データブック

●平成27年版・第88冊
●丸善出版
●2014年11月
●1,092ページ
●1,512円

パラパラとめくるだけで子どもの頃に戻れる一冊だ。高校生くらいで理数科目が苦手になった人でも「へえ、アメリカ地中海という海があるのか」とか「台湾で一番高い山は富士山より高いのか」といった発見に、心躍ることだろう。項目は暦部、天文部、気象部といった具合に分野別に並んでいて、部活のようでもある。

理科年表は１９２５（大正14）年に創刊し、その後、毎年のように新版が出版されている。理科の世界では、毎年必ず何かが発見されているからだ。

たとえば２０１４年12月、ほうおう座流星群が、実に58年ぶりに観測されたというニュースが報じられた。58年前にインド洋を航行中の南極観測船宗谷の甲板で、第一次南極観測隊員が目撃したこの大流星群は、翌年以降、観測の報告がなく幻となっていた。ところが

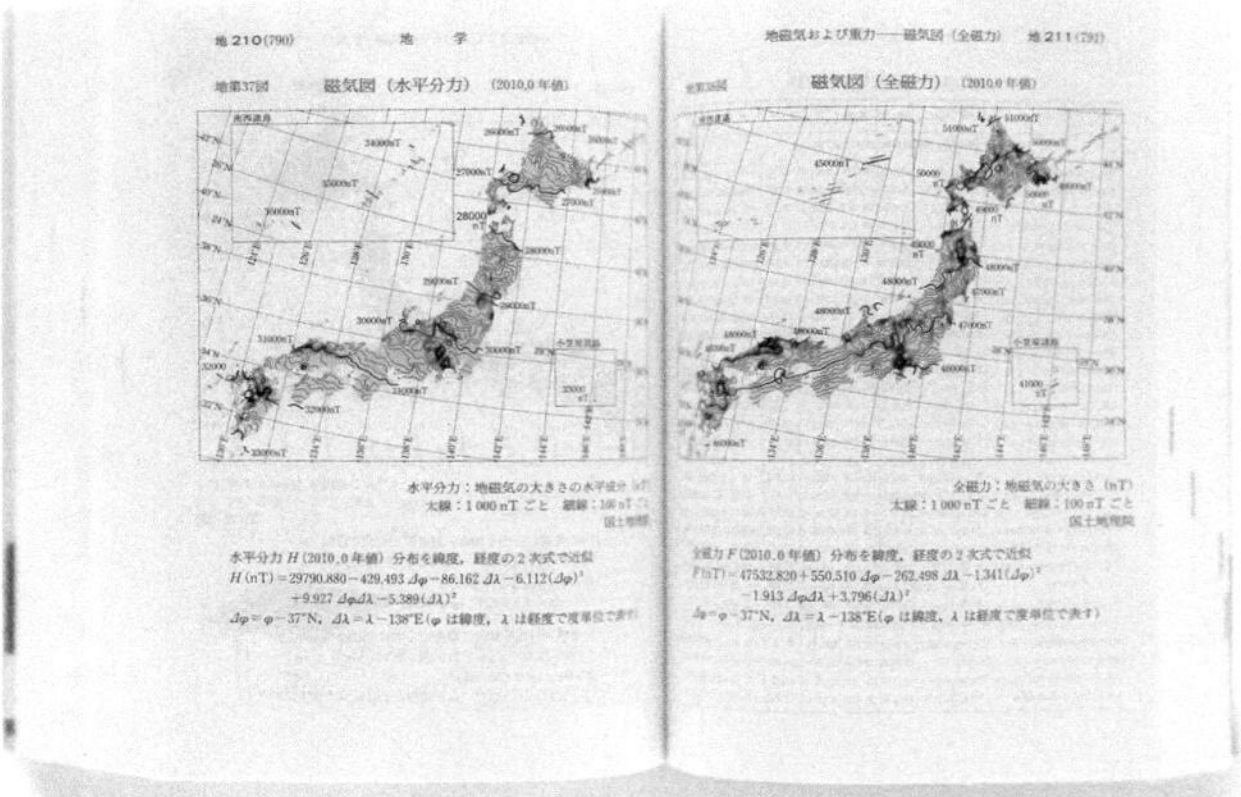

２００３年になって、この流星群の要因となっていた彗星が発見され、詳細な計算によって、いつどこでこのほうおう座流星群が観測できるかが予測された。この計算のおかげで、当時の南極観測隊員は平成の時代に再びほうおう座流星群を見ることができた。次の２０１６版の理科年表には、このほうおう座流星群についても記載があるのではないか。

古い版と見比べて、どこが変わったのかを探すのも楽しい。後々のためにも、今の版を手に入れておきたい。

新書サイズ比

縦14.8×横10.6×束幅4cm

『サイエンス大図鑑［コンパクト版］』

アダム・ハート＝デイヴィス（総監修）／日暮雅通（監訳）

子どもに買うなら、スマホの前にこの一冊

●河出書房新社
●2014年9月
●512ページ
●4,104円

フルカラーで楽しい科学図鑑。これで３８００円なのだからお手ごろと言うしかない。ボクの子ども時代にこの図鑑があったら、夢中になって読んでいたに違いない。ある程度のまとまりごとに、左ページに「ＢＥＦＯＲＥ（それまで）」、右ページに「ＡＦＴＥＲ（その後）」という小さなコラムが用意されていて、その分野の昔とこれからを端的に把握できる。たとえば18世紀に飛躍的に進歩した「天候の予測」のページでは、古代ギリシアの天候予測が「ＢＥＦＯＲＥ」、気象衛星が「ＡＦＴＥＲ」として、解説が添えられている。

子どもを科学好きにしたい親は、これを一冊買って、まずは自分が面白がって読むことだ。すると背伸びをしたい子どもは興味を持って盗み読みするようになる。思うつぼである。

子ども向けのサイエンス図鑑には、分野ごとに分冊になっているものもあるが、まずはこ

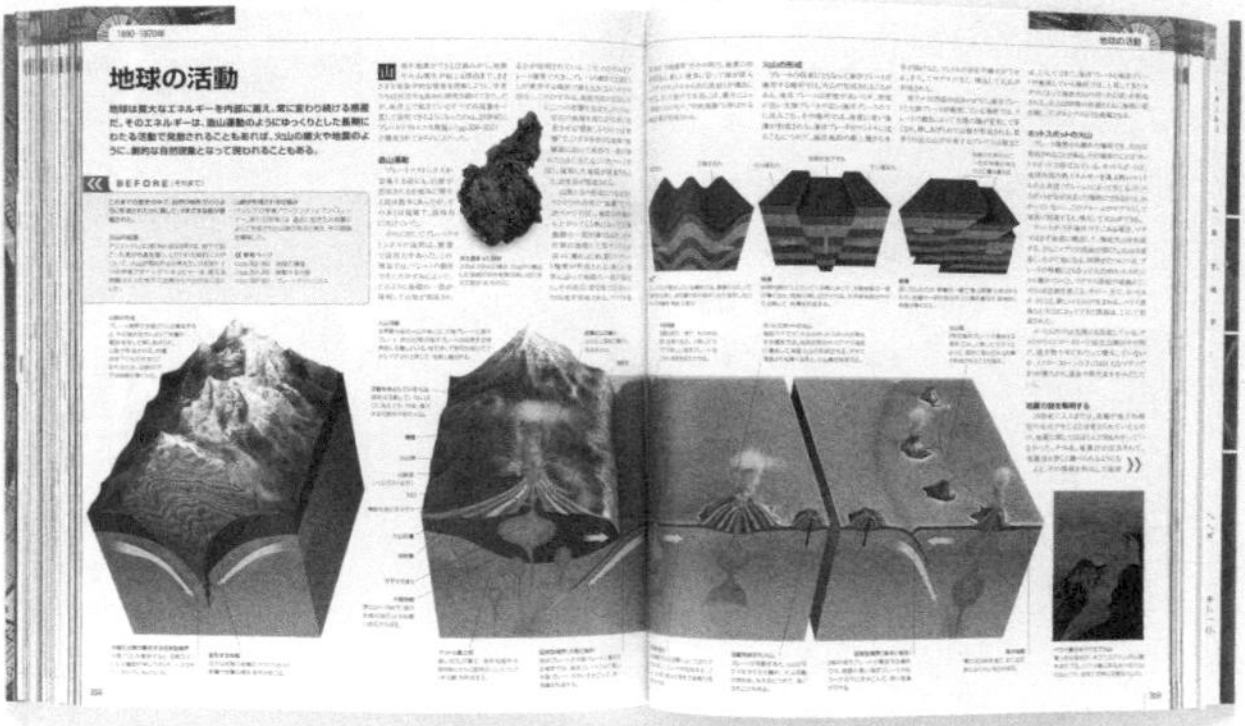

れくらいコンパクトにまとまったものがいいと思う。関心のある分野、好きな分野だけを読むことになるのは明らかだが、しかし、今の時点では関心のない分野、好きではない分野も一緒にまとまっているがゆえに、興味を持ったらすぐにそのページを参照できるからだ。

あまりにいい図鑑なので、ルビと固有名詞の英語表記があればもっとよかったと、リクエストもしておきたい。ちなみにコンパクト版といえど、サイズは並の大判の本よりも大きいのでご注意を。

新書サイズ比

縦25.4×横21.2×束幅3.2cm

『鑑賞のためのキリスト教美術事典』

視覚デザイン研究所（編）

教会には何が祀られ、宗教画には何が描かれているのか

●視覚デザイン研究所
●2011年3月
●240ページ
●2,376円

大半の日本人は、神社や仏閣については見方を知っている。どういう手順で鑑賞して回り、何が祀《まつ》られているのかを、なんとなく把握している。日本で育つうちに、いつの間にか鑑賞作法の基礎を身に付けているのである。

ところが、対象がキリスト教の教会となるとそうはいかない。何を見ても同じように見え、美しいという以外の感想を抱けない可能性が高い。それはそれで否定するつもりはないが、もっと別の鑑賞法を知っていたほうが、楽しいことは確かだ。教会のつくりや宗教画、そして宗教彫刻には必ず意味がある。意味を知っていればより深く鑑賞できる。しかし、美術鑑賞のためだけに聖書を読破するのはなかなか骨が折れる——。そういったジレンマを解消するのがこの事典だ。

事典といっても図解に近く、事典らしいのは項目が五十音順に並んでいることと、それに端的な説明が加えられていることくらいで、あとは、写真やイラスト、漫画まで駆使して、キリスト教美術の「お約束」をわかりやすく解説している。過去に聖書に挑戦し、挫折したことのあるすべての人にすすめたい。

印象派より前の時代の美術展を見に行くとき、ヨーロッパ旅行などで教会巡りをする前には必読。この一冊を手に入れることで、美術展や教会巡りが趣味になるかもしれない。

新書サイズ比

縦21×横15×束幅2.2cm

『江戸衣装図鑑』

菊地ひと美

多様なファッションが花開いた時代

●東京堂出版
●2011年11月
●344ページ
●3,672円

歌舞伎、落語、時代劇など、江戸時代の文化に少しでも興味があるのなら、この図鑑は手元に置いておきたい。

男性の髪型、女性のかんざしや櫛の種類などが優しいタッチのイラストと共に丁寧に解説されている。髷《まげ》ひとつとっても本多髷、若衆髷、銀杏《いちょう》髷など多様で、銀杏髷はさらに銀杏つぶし、小銀杏、イナセ風などに分かれる。江戸といっても265年続いたのだから、初期・中期・後期では、トレンドも様変わりすることがよくわかる。

たとえば女性の場合、平安時代から800年もの間、「下げ髪」であったのが、江戸初期になると「結う」習慣が始まった。これはたいへん画期的なことで、髪油やかんざしなど、生活道具も増えていく。また、男性にとっては「粋」という言葉にも、当時は模様や色にちゃ

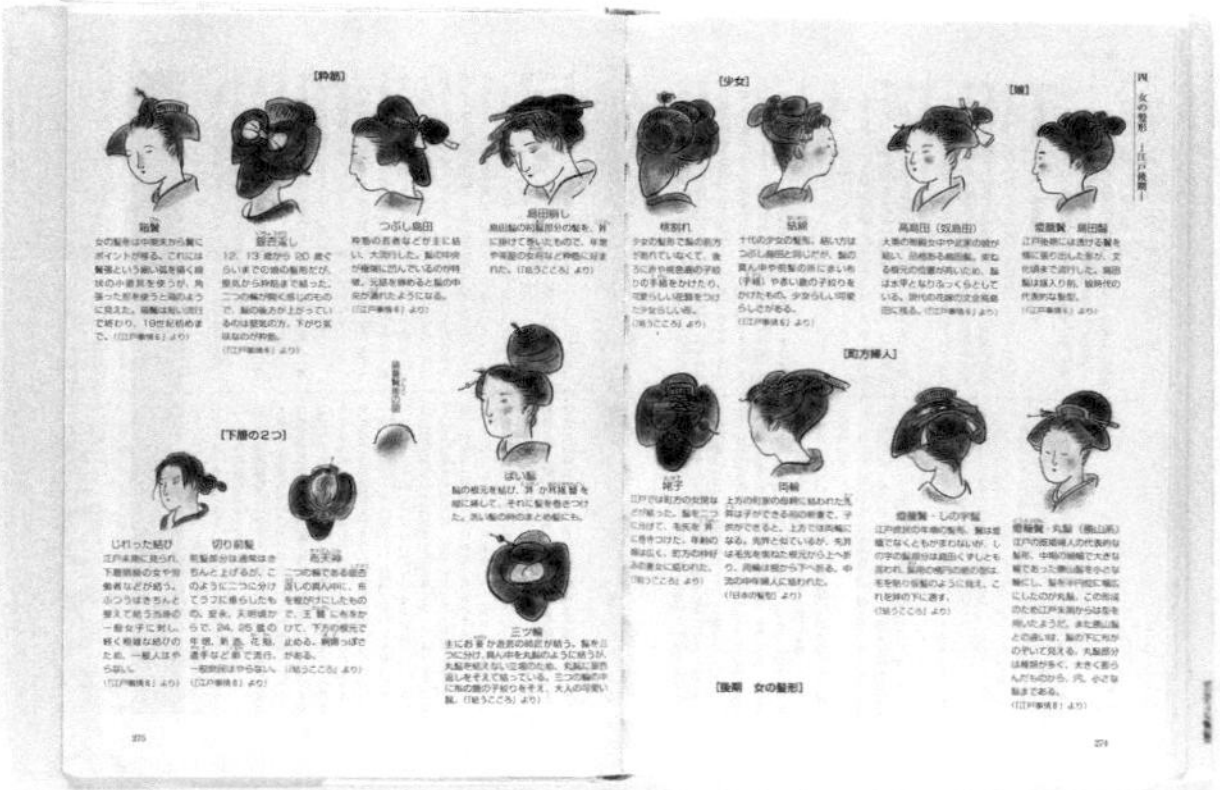

んとスタイルが確立されていた。粋な色とは、茶・鼠・紺の系統、粋な模様は縦筋のすっきりした縞模様を指していた。男性のヘアスタイルだけでも22種類紹介されている。

また、あらゆる職業で、着るものも異なる。あまり長時間眺めていると、時代小説が読みたくなるなどの症状が現れることがあり、この図鑑を読んだあと、ボクは時代小説を何冊もアマゾンで購入してしまった。

著者の菊地ひと美氏は江戸衣装研究家であり日本画家である。

新書サイズ比

縦23×横14.8×束幅2.5cm

『世界の文字の図典［普及版］』

世界の文字研究会（編）

文字の進化から読み解く世界史

●吉川弘文館
●2009年5月
●640ページ
●5,184円

　見たことも聞いたこともないものも含め、古今東西の文字が１２００点の図版と共にぎっしりと詰まっている。文字そのものや、その文字が使われている国や地域の研究をしている人以外には、まったく役に立たない図典である。この図典を見て、パルミラ文字やグプタ文字、チュクチャ文字を学ぼうとする人がいるとも思われない。しかし、これほど知的好奇心を刺激される図典はほかにないだろう。知らない文字による文化がどこかにあるのだと思うと、自分の生活の範囲がいかに狭いかに思いがいたる。事実、私の周りでも一目でこの図典のとりこになって、買い求めた者が３人いる。活字中毒者にとっては、読書に疲れたときの目の保養にぴったりかもしれない。

　エジプト文字、メソポタミアの楔《くさび》形文字、中国の漢字の３つを源流とし、いかに多種多

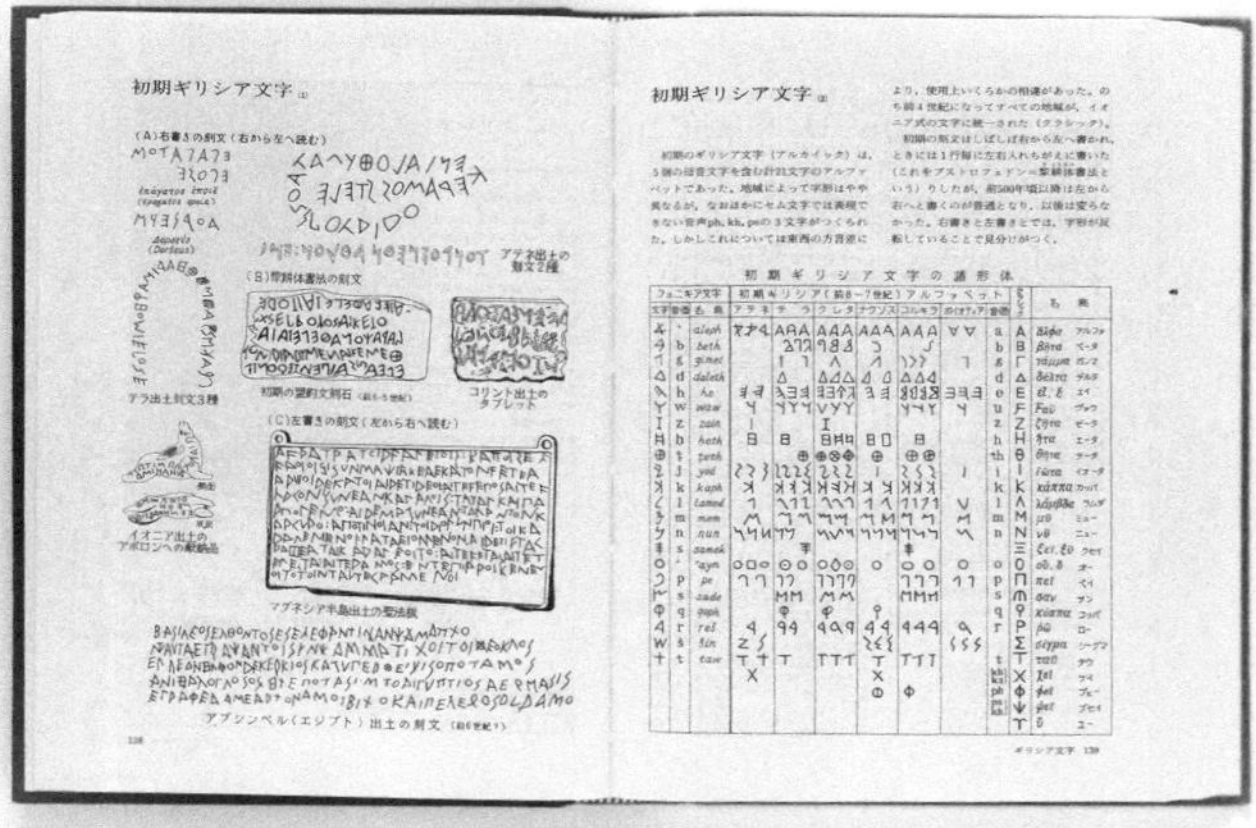

様な文字文化が世界中で築かれてきたことか。ミャンマーの古代史はいまだ謎に満ちているが、11世紀にミャンマーを統一したビルマ族は、自分たちの文字ではなく、勢力下に収めたモン族の文字を採用した。このように、文字の盛衰から世界史が見えてくる。２００９年にユネスコは、世界６０００の言語のうちの２５００言語が消滅の危機にあると発表している。この図典に掲載されているいくつかの言語も、そのうち使われなくなってしまうかもしれない。そう考えるとこの図典は文化遺産カタログともいえる。

新書サイズ比

縦23.8×横15.8×束幅3.6cm

『カリカチュアでよむ 19世紀末フランス人物事典』

鹿島茂、倉方健作

鹿島茂の偉大さ、審美眼に感服する

カリカチュアとは、ひとことで言えば人物風刺画のことである。新聞に載っている、政治家を描いた一コマ漫画をイメージすればそう遠くない。

この事典は19世紀末に民衆の耳目を集めた、政治家、芸術家、文学者など469人の人物のカリカチュアを一挙に掲載したものである。図版の出典は、19世紀末にフランスで発行されていた『今日の人々』という、人物にスポットライトを当てた冊子で、全部で469号ある。驚くべきは、その原本は、すべて著者の鹿島茂氏所有のものだということだ。なんでも、ふらりと立ち寄ったフランスの古本屋に全号がまとめて売られているのに遭遇し、どんなに高くても買い取ろうとしたところ、思いのほか安くて即買いしたそうである。さすがフランス文学者と称《たた》えざるを得ない。鹿島茂のすごさがしみじみとわかる事典である。

●白水社
●2013年5月
●510ページ
●12,960円

ゴッホやシニャックなど、誰もが知る偉人もいるが、描かれているうちの大半は、知らない人物だ。その時々の旬な人を描いているので、それももっともだろう。それでも、倉方健作氏による丁寧な解説、それに何より描かれ方を見れば、どんな人物で、どんな風に見られていたかがよくわかる。優れたカリカチュアは時として、何よりも雄弁に人柄を語るのである。

描き手は複数いるので、アートとして見て、デフォルメのテクニックを比べるのも一興だ。

新書サイズ比

縦23×横16.6×束幅5cm

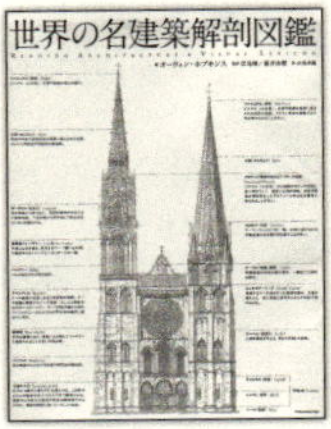

『世界の名建築解剖図鑑』

オーウェン・ホプキンス(著)/伏見唯、藤井由理(監訳)/小室沙織(訳)

旅に出たくなる建築本

●エクスナレッジ
●2013年8月
●175ページ
●3,024円

旅に出ると美しい自然や美味しいものに触れる機会が多々あるが、それらよりもっと身近に接するのが、建物ではないだろうか。国境を越えても同じような建物が並んでいることもあれば、同じ市内でも道を一本挟んだだけでまったく別様式の建物群が目に飛び込んできたりすることもある。建物は文化の象徴だ。

その建物が、もしも博物館や美術館の収蔵品なら説明書きがあるだろうが、街中の建物にはそれがない。あったとしても歴史に触れられている程度で、建物の構造への理解を深めるのには不十分だ。ではいったい、ボクたちはどこでそういったことを学べばいいのか。建築に関する書籍は多々あるが、その大半は建築のプロ向けであって素人《しろうと》には歯が立たない。そこでこの図鑑である。

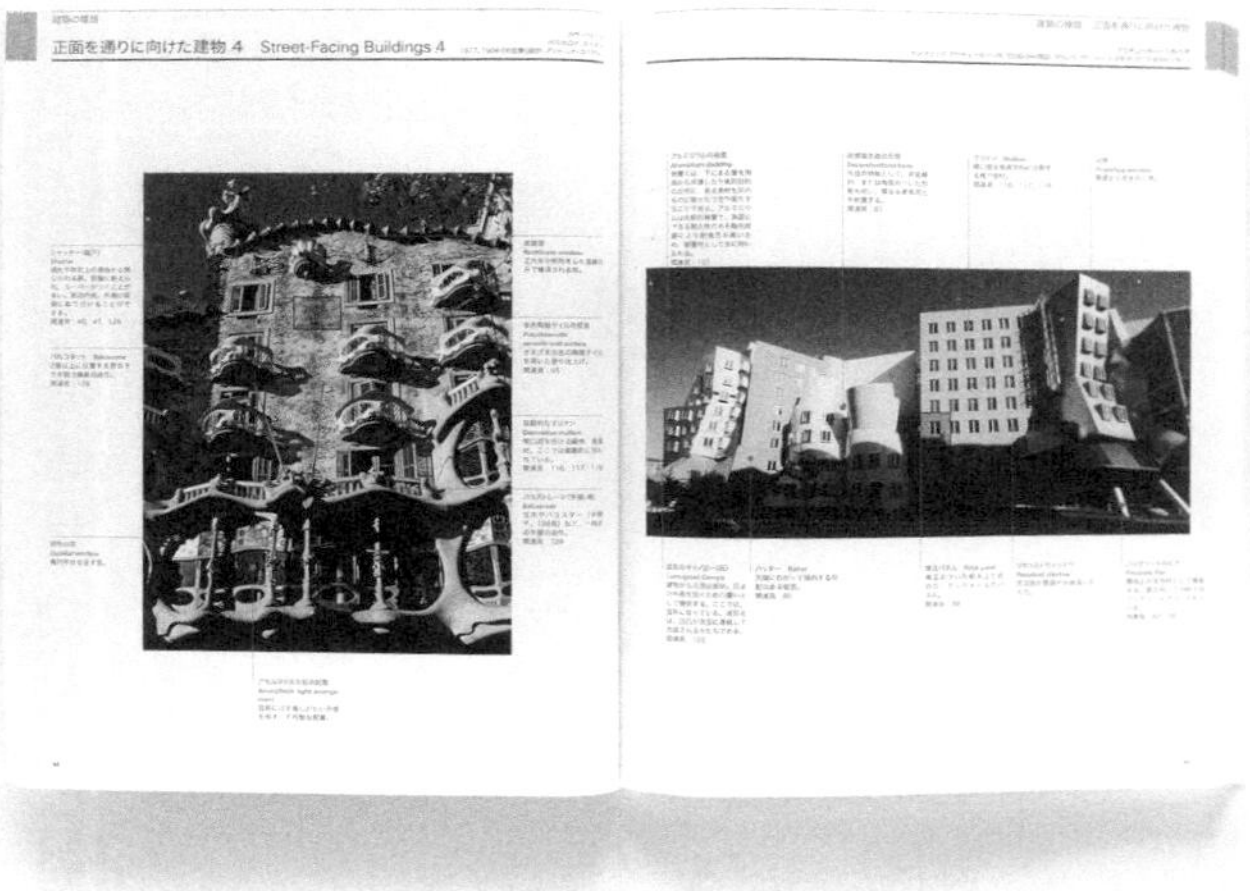

名建築と言われる実際の建物を例に、その建物の構造について解説がされている。表紙を飾る、フランスの世界遺産・シャルトル大聖堂をはじめ、ギリシャの神殿やスペインのアビラ城壁、ボストンの市庁舎や香港の香港上海銀行の本店ビルなどが対象になっている。宗教建築や歴史的建造物、商業施設までさまざまだ。

主に建築本を刊行している版元だけに、用語集も充実。建築本は一般的に高額なため、本書は大判の図鑑であってもこの値段で、お得感がある。日本編もあれば絶対に買いたい。

縦27.2×横21×束幅1.4cm

『地球博物学大図鑑』

スミソニアン協会（監修）、デイヴィッド・バーニー（顧問編）

西尾香苗、増田まもる、田中稔久（訳）

老後の楽しみに取っておきたい一冊

●東京書籍
●2012年6月
●656ページ
●10,260円

この図鑑は最高だ。まず、カバーがいい。きれいなだけでなく、プリントが立体的なのだ。書棚に収めるのはもったいないので、カバーが見えるように部屋に飾りたくなる。玄関などに、どこかのページを開いて置いておいてもいい。それくらい中身もレイアウトが大胆で発色もきれいなのだ。虫が苦手なボクは、虫のページを見たくも触りたくもないと思うほど、リアリティがある。

とはいえ、5900点以上の鉱物や生物を収録している写真は、どこか伊藤若冲の動植物画を髣髴《ほうふつ》させる日本人好みの雰囲気だ。そもそも若冲の原点も実物写生にあるのだからその連想は当たり前だが、ともあれ、気になったページを切り取って額装すればそれだけでアートになる。ボクは、生物図鑑を見るたびに、大好きなハシビロコウ（ペリカンに類似し、「動

かない鳥」として知られる）が載っているかどうかを真っ先にチェックしているのだが、それはもちろんのこと、鳥類だけで96ページもさかれている。

図鑑に掲載される写真は拡大または縮小されていることが多く、この図鑑の写真も大半がそうだが、写真の脇に実際はどれくらいの大きさなのかが記されているのが親切だ。

この図鑑は、米スミソニアン国立自然史博物館開館１００周年を記念して制作されたもので、日本語版は、国立科学博物館や京都大学も協力している。

新書サイズ比

縦31.2×横26.2×束幅4.6cm

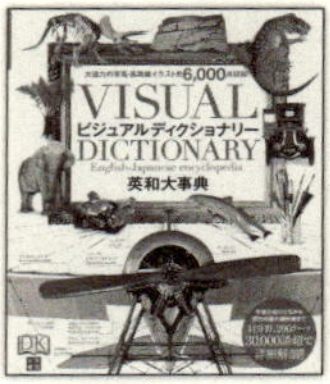

『ビジュアルディクショナリー 英和大事典』

森羅万象、あらゆるモノを解剖する

●日東書院本社
●2012年6月
●831ページ
●5,940円

身の回りには、日常的に使っているにもかかわらず、何と呼べばいいのかわからないものが数多くある。バイオリンの先端の、くるっとした部分って何？　ひざの裏側ってなんて言うんだっけ？　と、いかにいつも「あれ」「あそこ」などと曖昧に指してすませているかに気づかされる。当たり前だが、すべての物や部品の一つひとつに名称がある。

14分野にわたる２９０テーマに関する3万語を超える言葉が、６０００点の写真・イラストと共にまとめられていて、「デスクトップミュージアム」というキャッチフレーズに恥じない大事典である。ひとつの見開きをじっくり読むと、それだけで優に15分は経つ。

新しい事典なので、「携帯電話」の項目にはｉＰｈｏｎｅが、「電気掃除機」にはダイソンが題材となって説明されている。

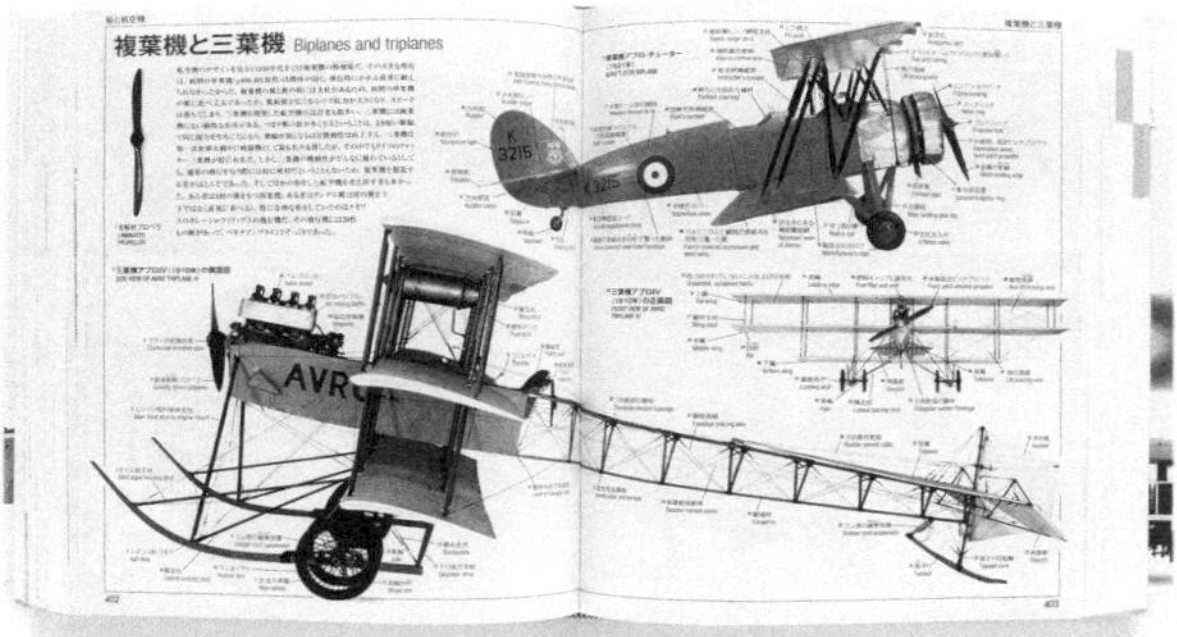

飾れる事典

忘れてはいけないのは、これが図鑑ではなく「英和事典」であることだ。写真や模型、イラストを駆使していて図鑑としても優れているが、すべての言葉に英語表記も添えられている。日本人は英語ができないと言われるが、理由のひとつは語彙《ごい》数が少ないことにある。知らない単語が多すぎるから英語が通じない。裏を返せば、文法はいまひとつでも、単語さえ知っていれば会話が成り立つことが多い。この大事典は、日本語名すらわからないものにまで英語が添えられているので、単語力アップにとても役に立つ。

新書サイズ比

縦23.8×横20×束幅5.6cm

『常用字解』

やさしく読める字源

白川静

●平凡社
●2003年12月に第一版、2012年10月に第二版発行
●816ページ（第二版）
●3,240円(第二版)

普段、何気なく使っている常用漢字の成り立ちと意味を、用例と共に丁寧に解説している。第一版では、見出し文字総数は１９４６字で、旧字形７９８字と合計２７４４文字を収録している。装丁もレイアウトも、辞書や辞典というより「字引」のたたずまいで美しく、たとえ使わなくても机の上に飾っておきたくなる。古い文字の資料として、甲骨文字や篆文《てんぶん》なども示され、視覚的にも漢字の成り立ちを確認することができる。序文「常用字解の編集について」を読むためだけにも買ってもいいかもしれない。そもそも１９８１年に常用漢字が定められ、それ以外の漢字は日常的に積極的に使わなくてもよいものとされた、あくまで使用を制限するものではないという注釈付きではあるが、出版物や新聞もこの常用漢字を基準とするため、漢字文化に何らかの制約を与えているといってもいい。

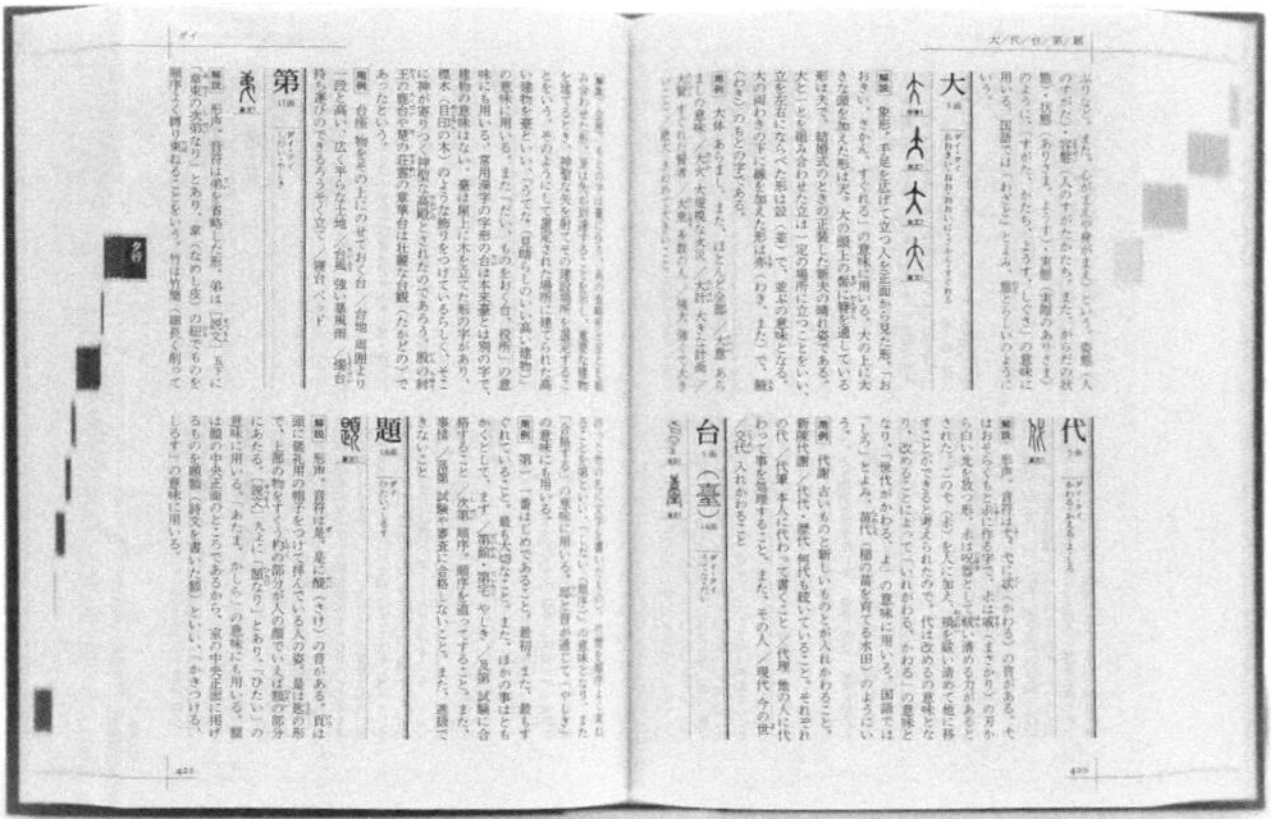

写真は第一版

しかし、漢字の成り立ちや意味を理解するうえで、常用漢字以外の漢字に触れないわけにはいかない。そのため、本書では常用漢字以外の文字を用いて、やさしく字源を読み解くものになっている。

編者は文字学の大家で、２００６年に没するまでいくつもの作品を残した。その思想は『文字逍遥』（平凡社）や『漢字 生い立ちとその背景』（岩波書店）などに詳しい。

ボクが持っているのは初版だが、現在は１９６字が追加された第二版が販売されている。

新書サイズ比

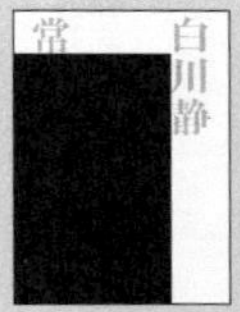

縦20.2×横14.4×束幅4cm

『ヴィジュアル版　植物ラテン語事典』

ロレイン・ハリソン（著）／上原ゆうこ（訳）

好きな植物の正式な学名を言えますか？

●原書房
●2014年9月
●224ページ
●3,024円

もしもこれから趣味で言語を学ぶことがあるなら、ラテン語を選ぶ。ラテン語は知の表象であるし、英語などにとっては古語でもあるので、旅先での会話には使わなくとも、言語構造や単語の成り立ちを知ることができる。

この事典は、そのラテン語とボタニカルアートを組み合わせたものである。ラテン語で付けられた学名の意味が平易に解説されている。

なぜ、わざわざラテン語で植物名を知る必要があるのか？　私たちが使っている「普通名」は、ロマンティックな表現にしようなどといった理由であとから付けられたものであり、それも時代と共に変化し、国によってもまちまちだ。一方、ラテン語の「学名」は、世界中の学者や科学者が使用している普遍的な名前である。しかも、どのような植物かが一目でわか

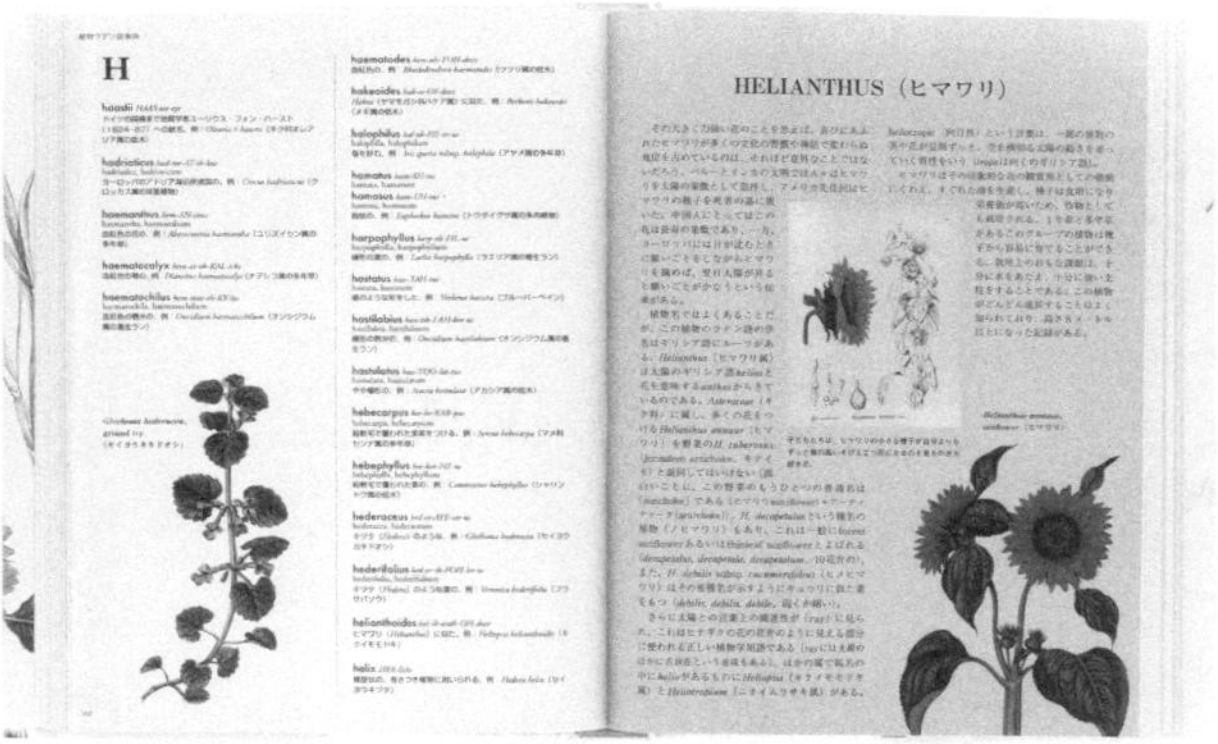

るよう、分類がシンプルに反映されている。たとえばヒマワリは英語でsunflowerだが、これは「普通名」のひとつにすぎない。「学名」である、ラテン語ではHelianthus。ギリシア語で太陽を意味するheliosと花を意味するanthosが語源であるという。

対象となっている植物の数は3000以上で、100を超えるボタニカルアートが添えられている。ボタニカルアートとは、緻密で正確な植物画のことで、もともとは図鑑などに使われていたものだが、その美しさから芸術に昇華している。

縦23×横17.2×束幅2.4cm

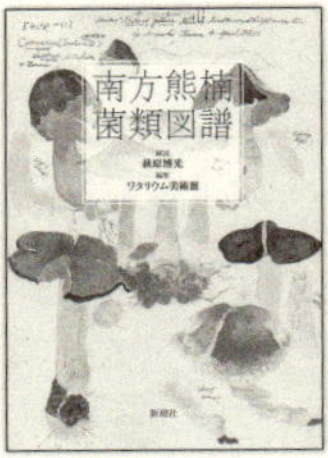

『南方熊楠菌類図譜』

萩原博光（解説）／ワタリウム美術館（編）

きのこばっかり120点

●新潮社
●2007年9月
●135ページ
●4,104円

古今東西、子どもは伝記を読むものである。成功譚が面白いからでもあり、そうなりたい、そうなれるかもと思うから夢中になるのだとも思う。もちろん、ほとんどの子どもはアムンゼンやキュリー夫人のようにはなれずに普通に大人になるのだが、伝記を通じて得た憧れや驚きは、その後の人生にいくらか影響を与えるに違いない。

では、大人はどんな伝記を読むべきかというと、たくさん稼いでいる経営者の自伝でも、時代小説じみた幕末の英雄記でもないと思う。大人は、言葉にはさんざん騙されてきている。素直に憧れや驚きを抱ける対象は、もはや芸術だけだろう。

この図譜は、江戸末期から昭和にかけて生きた菌類学者・南方熊楠による数多《あまた》のスケッチから、詳細な書き込みのある１２０枚を厳選した図譜である。熊楠といえば、歩く百科事典

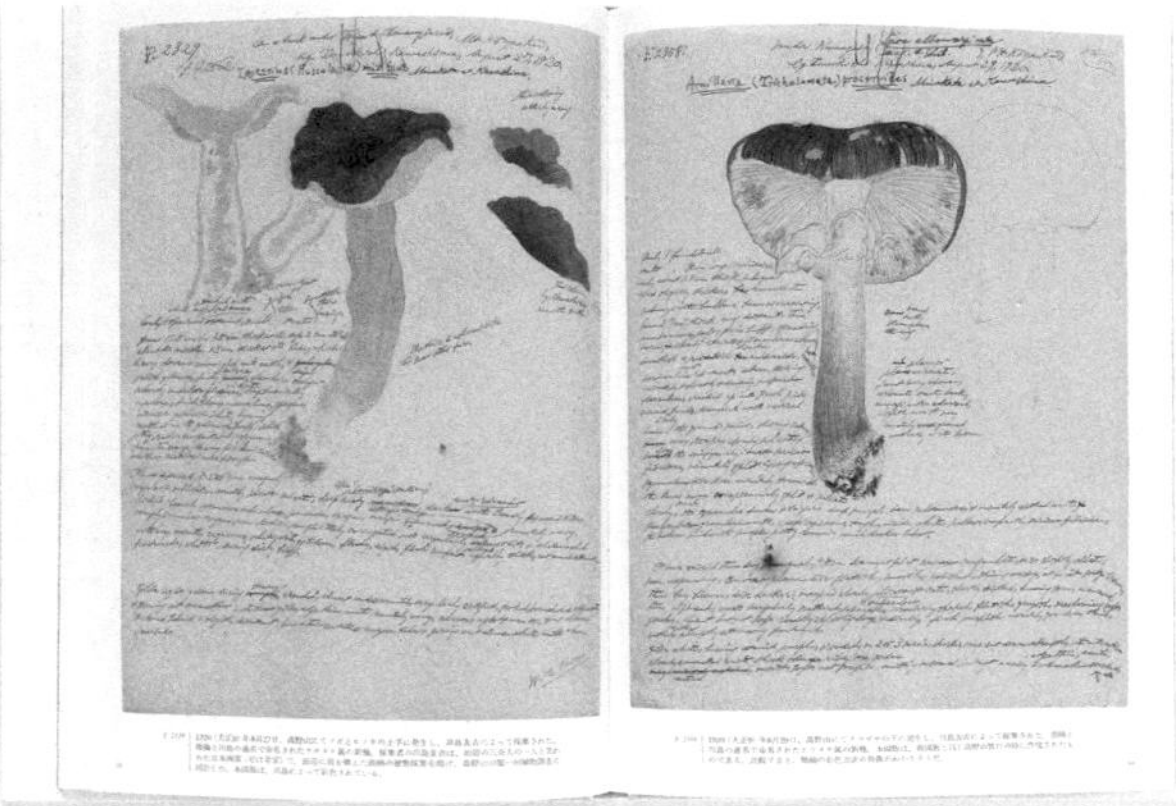

と異名を取る博覧強記かつ知行合一の人である。外国人学者が6000点の菌類を収集したと聞いて、それを上回る7000点を集めようとした人物で、その人となりは『縛られた巨人――南方熊楠の生涯』（新潮社）などに詳しいのだが、その人物の足跡をビジュアルを通じて垣間見るのは、勉強にもなり、また楽しくもある。

これが美術館で編まれた本であることからもわかるように、自然科学でも博物学でもなく、アートとして熊楠の功績を見ることができる貴重な書である。

新書サイズ比

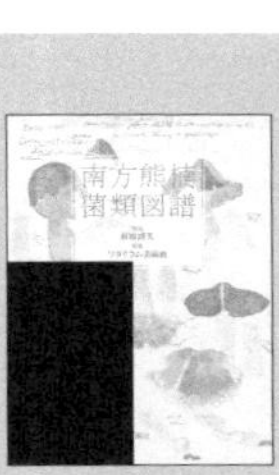

縦29.8×横22×束幅2.6cm

『ENCYCLOPEDIA OF FLOWERS 植物図鑑』

東信（著）／椎木俊介（写真）

一生枯れないブーケ

●青幻舎
●2012年7月
●512ページ
●3,456円

書店では決して辞書・事典コーナーには置かれておらず、おそらく美術書のコーナーで見つけることができるだろう。花を素材にするフラワーショップの経営者でありアーティストでもある著者が、もともと美しい花を、さらに美しく撮っているのだから当然だ。花粉の粒子がリアルに迫ってくるような超接写で撮影された写真もあれば、鼻を近づければ油絵具の匂いがしそうな絵画のような写真もある。あまりの美しさに溜息をつきたくなるくらいだ。ただ、写真集ではなく、タイトルの通りこれは図鑑である。どの花がどんな名（学名・和名）を持つのかがきちんと記されているからだ。ブックデザインも洗練されていて申し分ない。

現在までにⅠ（2012年発行）とⅡ（2015年発行）の2冊が発売されている。Ⅰには約1600種類の、Ⅱには約1200種類もの花が収録されている。驚くことに、この2冊で

重複している花は案外と少ない。その理由は、2年半の間に消えた種類、生まれた新種があるからだそうだ。今後もⅢ、Ⅳと続いていってほしい。

価格は3200円と、ビジュアル本としては驚きの安さ。ボクはこの本を自宅で飾っているが、「贈るための本」としても役に立つだろう。花束も、ちょうど3000円くらいからが贈り物に適したボリュームだ。それを考えると、この「読む花束」は枯れることなくずっと美しい。花好きに贈るなら、花束よりもこの本をすすめる。

縦25×横17×
束幅4cm

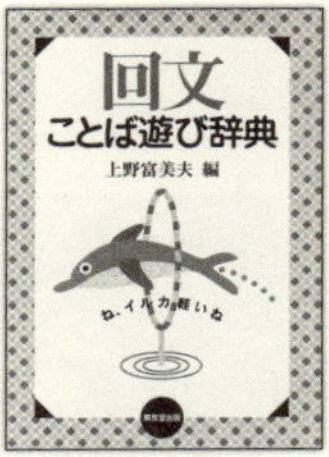

『回文　ことば遊び辞典』

究極の暇つぶしか、最高の脳トレか

上野富美夫（編）

●東京堂出版
●1997年11月
●277ページ
●2,808円
（品切れ、重版未定）

〈ね、イルカ軽いね〉という回文が表紙を飾るこの辞典は、短い作品（2音節）から順に2300もの回文を収録している。「有馬のマリア」「偉人ガンジー」など、短いながらに唸りたくなるものもある。こういった単語レベルはまだわかる。それ以上に長い文になると、舌を巻くばかりだ。回文でつくった短歌や俳句、クライマックスには200字を超える長文もあり、ちゃんと意味が成立しているのがおそろしい。

といってもボクは、さほど回文に興味があるわけではない。傑作に巡りあえば素直に褒めたたえたくなるが、自分でつくろうとまでは思わない。なのに、なぜこの辞典を手にしたのかというと、「辞典」だからである。

編者の上野富美夫氏は昭和7年生まれ。プロフィールによると〈少年期から回文を含む知

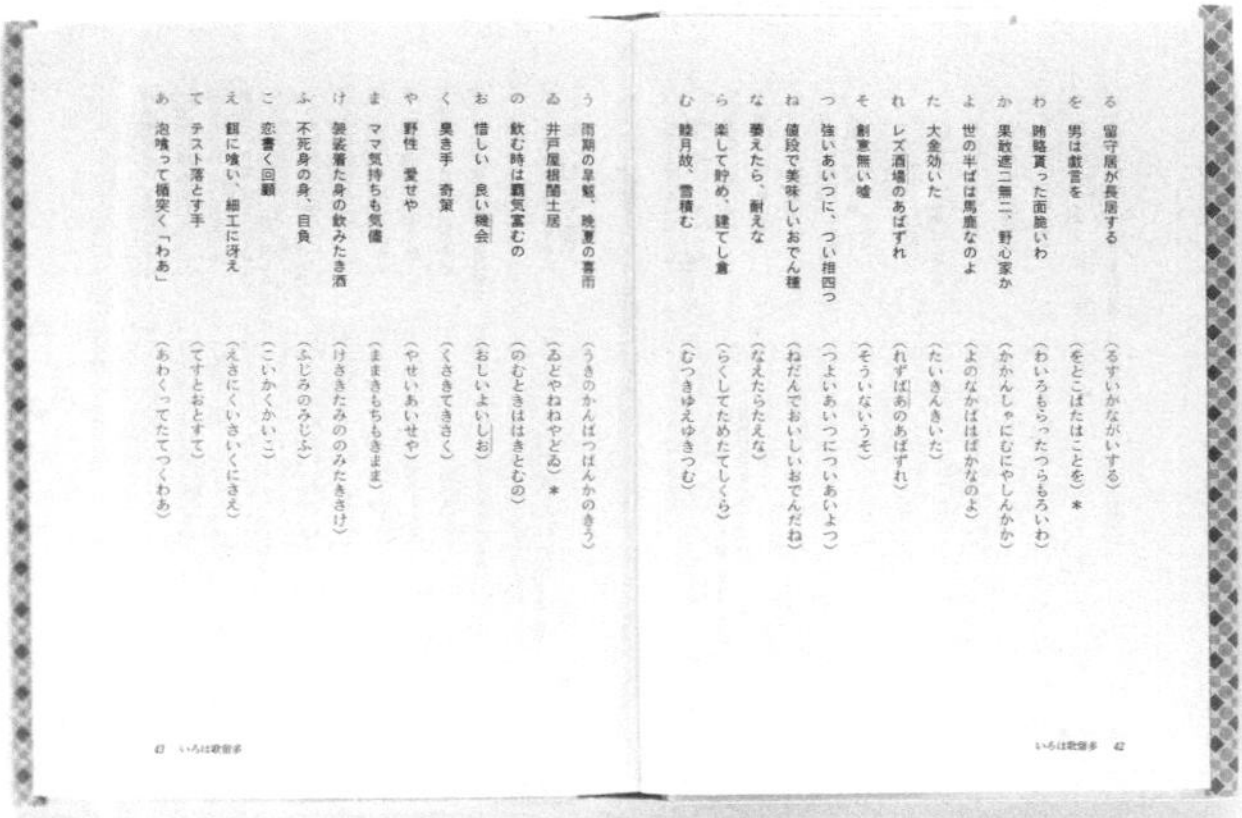
る　留守居が長居する　（るすいがながいする）
を　男は戯言を　（をとこばたはことを）＊
わ　賄賂貰った面臆いわ　（わいろもらったつらもろいわ）
か　果敢遮二無二、野心家か　（かかんしゃにむにやしんかか）
よ　世の半ばは馬鹿なのよ　（よのなかばはばかなのよ）
た　大金効いた　（たいきんきいた）
れ　レズ酒場のあばずれ　（れずばあのあばずれ）
そ　創意無い嘘　（そういないうそ）
つ　強いあいつに、つい相四つ　（つよいあいつについあいよつ）
ね　値段で美味しいおでん種　（ねだんでおいしいおでんだね）
な　萎えたら、耐えな　（なえたらたえな）
ら　楽して貯め、建てし倉　（らくしてためたてしくら）
む　睦月故、雪積む　（むつきゆえゆきつむ）
いろは歌留多　42

う　雨期の旱魃、晩夏の喜雨　（うきのかんばつばんかのきう）
ゐ　井戸屋根闇土居　（ゐどやねねやどゐ）＊
の　飲む時は覇気富むの　（のむときははきとむの）
お　惜しい　良い機会　（おしいよいしお）
く　臭き手　奇策　（くさきてきさく）
や　野性　愛せや　（やせいあいせや）
ま　ママ気持ちも気儘　（まままきもちもきまま）
け　袈裟着た身の飲みたき酒　（けさきたみののみたきさけ）
ふ　不死身の身、自負　（ふじみのみじふ）
こ　恋書く回顧　（こいかくかいこ）
え　餌に喰い、細工に冴え　（えさにくいさいくにさえ）
て　テスト落とす手　（てすとおとすて）
あ　泡喰って楯突く「わあ」　（あわくってたてつくわあ）
43　いろは歌留多

的刺激に関する資料の収集に興味を持つ。〉とのことで、自身の作品は300以上あるそうだ。本書の主な資料提供者は「回文づくり日本一」の島村桂一氏である。島村氏の生み出した回文は、なんと4000作以上にのぼるというから驚きだ。

　巻末付録には、ローマ字にしたら回文になる言葉や、回文になっている数式、「沖縄沖」「市川市」など、漢字にしたら回文になっている地名など、お披露目する機会があるかどうかはわからないが小ネタが満載である。

新書サイズ比

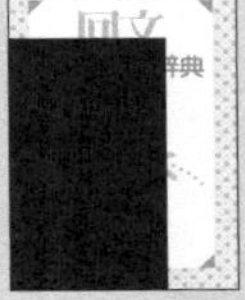

縦21.2×横15.2×束幅2.8cm

『スター・ウォーズ英和辞典 ジェダイ入門者編』

学研辞典編集部（編）

英和辞典の名を借りた、スター・ウォーズ名言集

●学研マーケティング
●2014年11月
●256ページ
●2,052円

収録している英単語は1000語なので、英和辞典としては中学生レベルである。文字を小さくし、イラストを省けば厚さは4分の1になるに違いない。しかし、そういったことはどうでもいいと感じられるほど、この辞典は辞典を超越してしまっている。何しろ、出てくる単語はすべて映画『スター・ウォーズ』に関する言葉や出てくる台詞《せりふ》で解説されており、イラストもそれぞれのシーンに実に忠実に再現されているからだ。もちろん「father」はあの台詞で解説されている。スター・ウォーズ好きの子どもはあっという間に1000語を覚えるだろうし、大人は知っている単語ばかりなのでストレスなく読める。

この辞書の担当編集者である芳賀靖彦氏は、聞くところによると、子どもの頃からのスター・ウォーズファンであるという。編集者の熱意による奇跡のようなこの一冊は、わずか

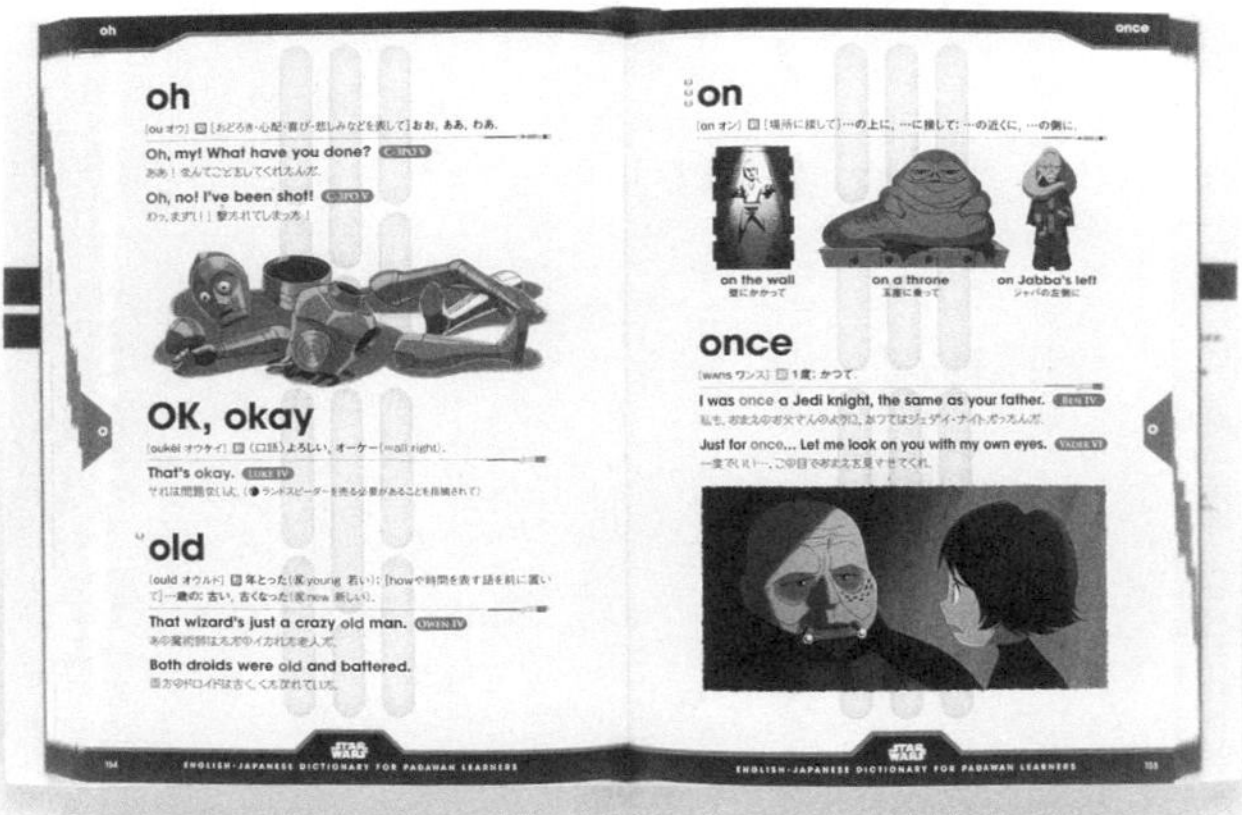

1900円で手に入れられる。映画のワンシーンを再現したイラストも、オリジナルに忠実で、本格的なアニメーションの一コマを見ているようだ。

なお、同じ学研から刊行されている『パーソナル英和・和英辞典』には、装丁が素晴らしい『ダース・ヴェイダー版』と『ストームトルーパー版』があるが、こちらの中身は「ヴェイダー卿の英会話」がついているほかは普通の辞典。そのため、実用性を重視したい向きにはこちらがおすすめだ。

新書サイズ比

縦22×横15.8×束幅3.2cm

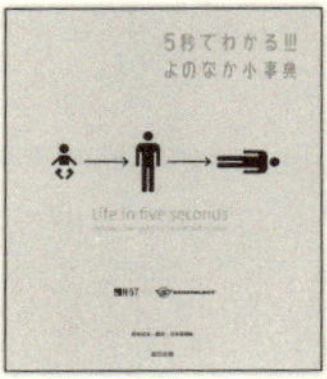

『5秒でわかる!!! よのなか小事典』 H-57

想像力が試される、「読まない」本

●辰巳出版
●2014年11月
●256ページ
●1,944円

ミラノを拠点に活躍するデザインスタジオによるピクトグラム集。台詞のない、絵で描いたショートコントのようなもので、「ビートルズ」や「バラク・オバマ」、「マイケル・ジャクソン」に「永井豪」などの人物や歴史上の出来事などを表現しており、見る側の洞察力を問うてくる。歴史がどのように変遷してきたか、ある偉人に対する万人のイメージがどう変わっていったか、記号で読むダイジェストのようなものだ。解説の中で芸術評論家の楠見清氏は、これを「短縮学」と述べている。

事典なのに、索引もなければ目次もない。五十音で並んですらいない。頑張って意図を読み取っても、取り立てて役に立つということはないかもしれない。たとえば「ピサの斜塔」は、遊んでいる子どもが蹴とばしたボールがぶつかって傾いたことによってできたことになって

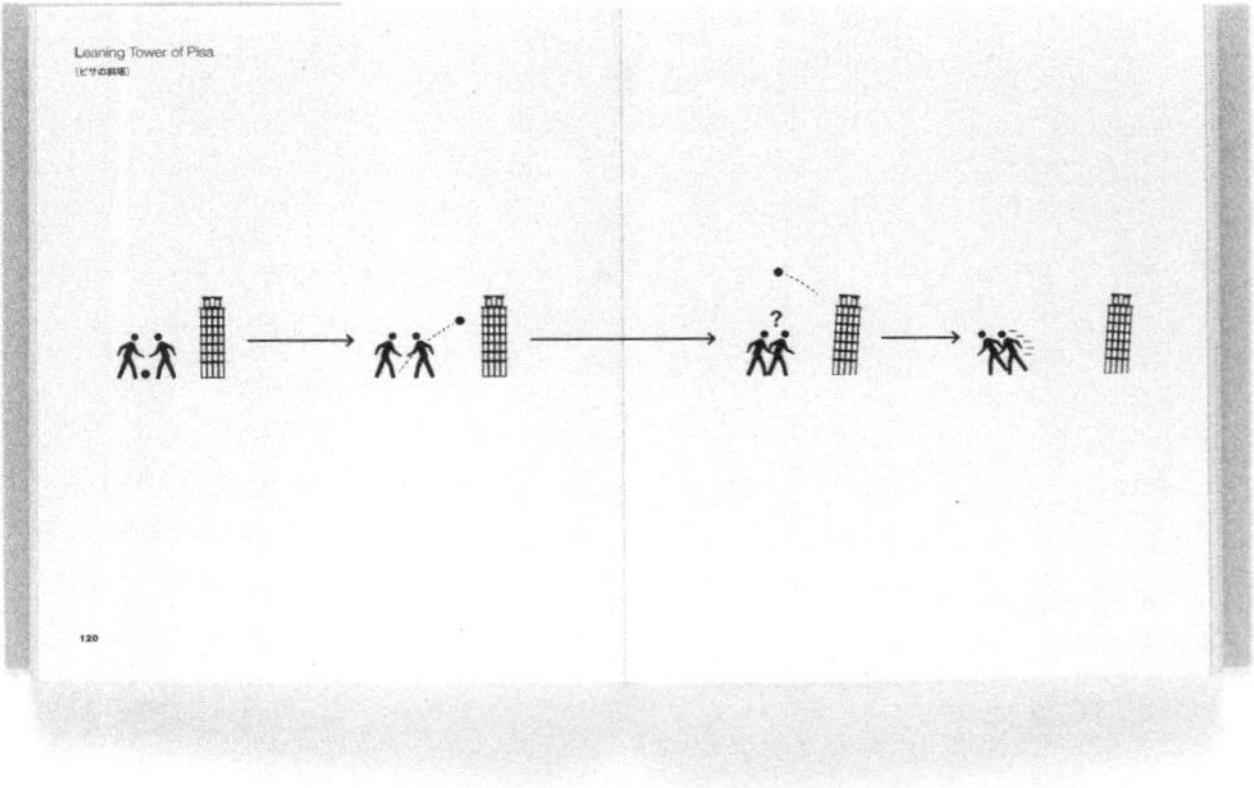

いるなど、事実ではないブラックユーモアもあるので、信じすぎると危険である。しかし、言葉を使わずにものを表現するためのヒントが詰まっているので、プレゼンの資料づくりなどの参考になる。

おそらく多くの書店で、本書は、辞書事典売場にも、ビジネス書売場にも置かれていない。ボクはデザイン本のコーナーでこの本を見つけた。本当にビジネスに役立つ本は、案外と、ビジネス書が置かれているのとは別の棚にあるものだ。

新書サイズ比

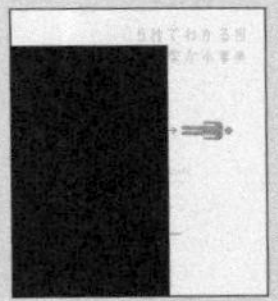

縦19.8×横17×束幅2.4cm

『県別罵詈雑言辞典』
真田信治、友定賢治（編）

最も地が出る悪口で、お国柄を徹底比較

●東京堂出版
●2011年9月
●384ページ
●3,024円

民俗学者の柳田國男は、方言周圏論を唱えていた。京都で生まれた言葉は時間をかけて日本全国に伝播していくので、京都からの距離がほとんど同じ場所では、たとえ異なる地方でも同じ言葉が使われる。東北と中九州に古く京都御所で使われていた言葉が残っているのはそれが理由――というものだ。それを罵倒語の代表ともいえるアホとバカで図らずも検証したのが、朝日放送の『探偵！ナイトスクープ』であり、後に『全国アホバカ分布考 はるかなる言葉の旅路』（新潮社）としてまとめられた。

その分布を参考文献の一冊として挙げるこの辞典は、47都道府県別に罵倒語を並べている。もっと酒を飲みたい人とそれを止めたい人の間で交わされる口喧嘩のシナリオをつくり、全都道府県で再現している。北海道の会話は大泉洋のひとり芝居で、栃木県の会話はU字工事、

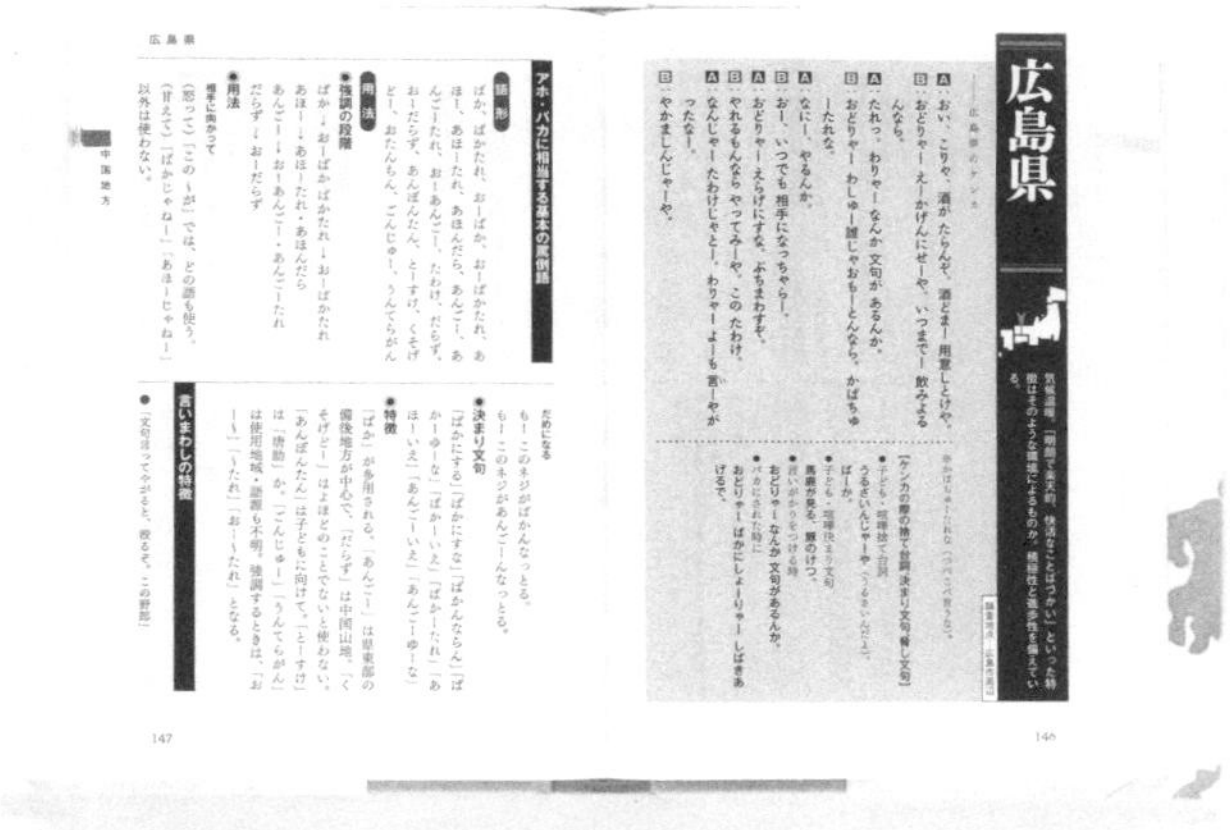

兵庫県の会話はダウンタウンのやりとりといったように、有名人や身近な人を想像して、頭の中で会話が再生される。なお、最も恐ろしく聞こえるのは、広島県のそれである。寒い地域へ行くと口数が減るのもよくわかり、喧嘩しているのになんだかかわいらしく感じられる方言も多い。

後半は「けち」「うそつき」「小心者」など41の「悪口」の語彙が都道府県別に紹介されている。役立てる機会は少ないかもしれないが、これさえあれば、どのお国柄の人と喧嘩になっても言い負かせられることは間違いない。

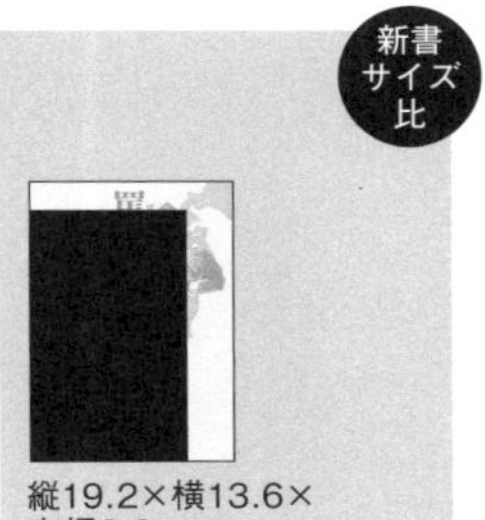

縦19.2×横13.6×束幅2.8cm

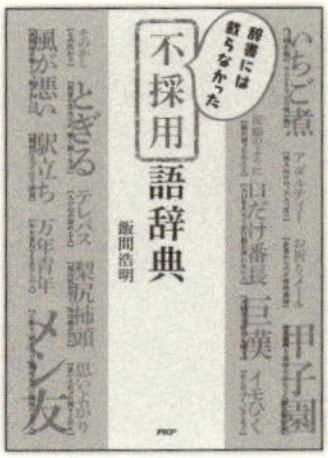

『辞書には載らなかった不採用語辞典』

ボツになった「辞書未満」のことばたち

飯間浩明

●PHP研究所
●2014年11月
●208ページ
●1,404円

この辞典は文句なしで星五つの辞典である。まず、辞書に載らなかったことば、載っているけれど新たな解釈や用例を追加しなかったことばを集めて解説するという発想がいいし、採用されなかった理由もとても面白い。ワードハンティング（日本語採集）のプロがいかに膨大な量のことばを拾ってきて、厳しい判断基準をもって取捨選択しているのかもよくわかる。

不採用語は「まだ定着していないことば」「ユーモアのあることば」「バラエティーに富んだことば」「方言あるいは方言ふうのことば」「最後に落選したことば」の5章に分類されていて、それぞれの代表を挙げると「モラトリアル」「ぽちる」「甲子園」「サンライズ」「プチプラ」といったところだろうか。サンライズが、関西・中国地方ではメロンパンのことを指すだなんて、この辞典を読むまで知るよしもなかった。日常的によく使っていることばも散見

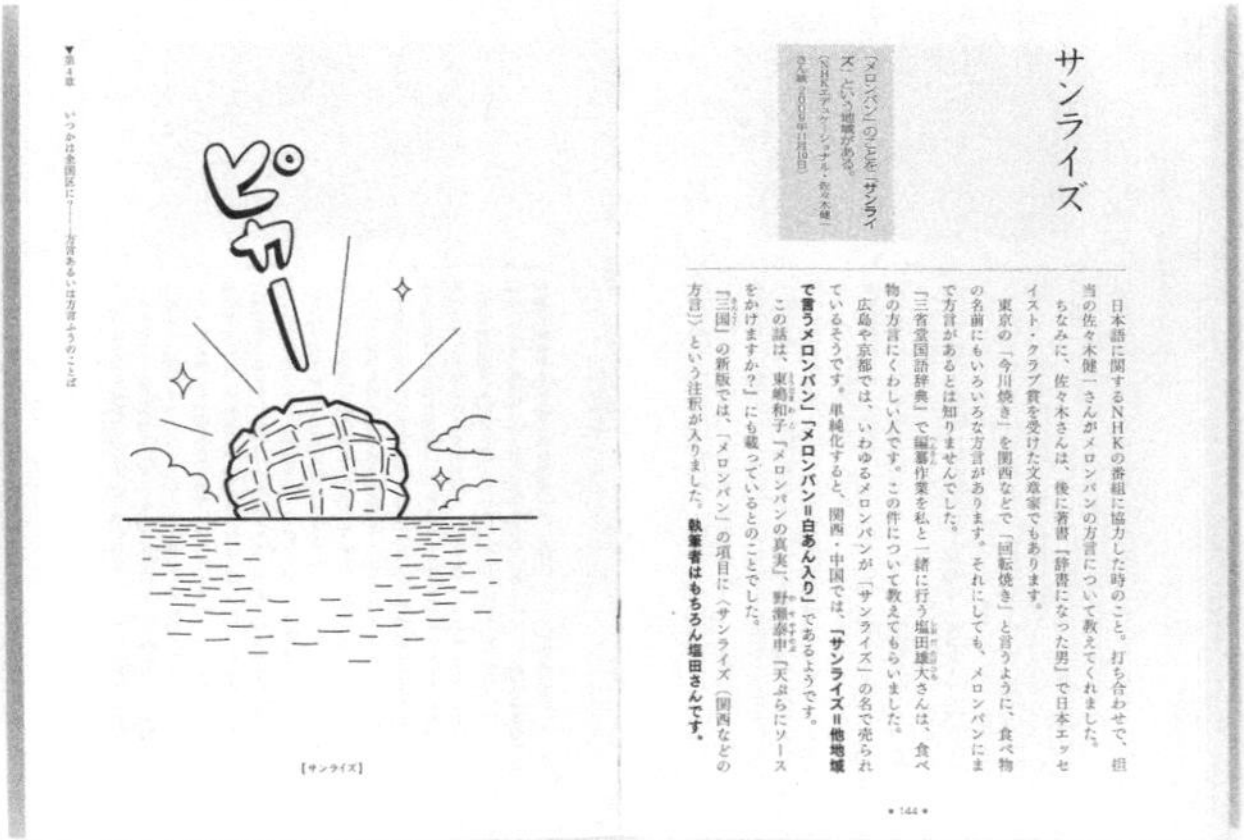
▼第４章　いつかは全国区に？——方言あるいは方言ふうのことば

【サンライズ】

サンライズ

「メロンパン」のことを「サンライズ」という地域がある。

〈ＮＨＫエデュケーショナル・佐々木健一さん談　２００９年１１月１０日〉


日本語に関するＮＨＫの番組に協力した時のこと。打ち合わせで、担当の佐々木健一さんがメロンパンの方言について教えてくれました。

ちなみに、佐々木さんは、後に著書『辞書になった男』で日本エッセイスト・クラブ賞を受けた文章家でもあります。

東京の「今川焼き」を関西などで「回転焼き」と言うように、食べ物の名前にもいろいろな方言があります。それにしても、メロンパンにまで方言があるとは知りませんでした。

『三省堂国語辞典』で編纂作業を私と一緒に行う塩田雄大さんは、食べ物の方言にくわしい人です。この件について教えてもらいました。

広島や京都では、いわゆるメロンパンが「サンライズ」の名で売られているそうです。単純化すると、関西・中国では、**「サンライズ＝他地域で言うメロンパン」「メロンパン＝白あん入り」**であるようです。

この話は、東嶋和子『メロンパンの真実』、野瀬泰申『天ぷらにソースをかけますか？』にも載っているとのことでした。

『三国』の新版では、「メロンパン」の項目に〈サンライズ（関西などの方言）〉という注釈が入りました。**執筆者はもちろん塩田さんです。**

• 144 •

され、辞書に載っていないことを意外に感じる。

著者は〝三国〟こと三省堂国語辞典の編集委員、飯間浩明氏である。その文章中にはほかの辞書でそのことばを調べてみたという記述もあり、その辞書にもまた興味が湧いてくる。また、1967年生まれで香川出身の飯間氏ならではの視点が垣間見えるのも面白い。

なお、「ジショラー」も不採用語として挙げられている。ボクのように辞書好きの人間のことを指すのかと思ったら、まったく違う意味であった(自傷行為をする人を指す)。

新書サイズ比

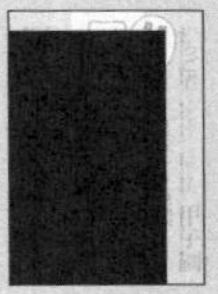

縦18.6×横13×束幅2cm

『【難解】死語辞典』

青春時代がよみがえる、究極の「あるある」本

別冊宝島編集部（編）

●宝島社
●2014年2月
●191ページ
●702円

たとえ時代遅れでも使う人がいるかぎり、死語はまだ「生きた言葉」である。しかし、使われなくなった言葉は辞書から削除せざるをえないため、先に述べた『不採用語辞典』の飯間氏は、死語の用例採集にも熱心である。本書は、そんな使われなくなった流行語を集めた異色の辞典である。帯には〈上司とおどろくほど心がかよう！〉とあり、対象は20代のようなのだが、これを読むのは若い部下ではなく、振り返りたい思い出に死語が詰まっている上司のほうではないかと思われる。

世代別に、30代、40代、50代、60代が使いがちな死語が由来や用例、そのときに用いるジェスチャーなどと共にまとめられているだけでなく、その世代の生態解説や時代背景も記されている。項目内のメインを飾る一コマ漫画は、用例としてきちんと解説が加えられている。

上司の側もただ昔を懐かしむだけでなく、いつ頃どんなことが流行っていたかを手早く知るのに活用できる。たとえば湾岸戦争の頃、たとえば北陸新幹線の計画が始まった頃にどんな言葉が流行っていたかを調べるのは案外、手間がかかるが、この辞典があれば解決である。死語から最新ワードへの言い換えも記されており、若者とのコミュニケーションに一役買いそうだ。

タイトルにあえて「難解」とつけている点に、今でも死語を使いつづける年配者に対する、大いなる敬意を感じる。

新書サイズ比

縦15.4×横10.7×束幅1cm

楽しむための事典

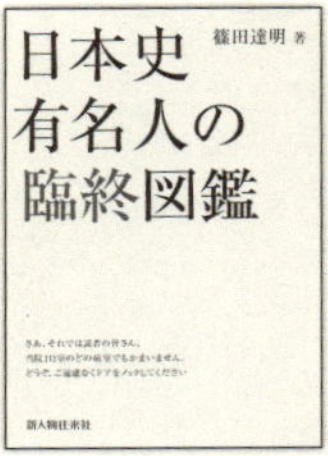

『日本史有名人の臨終図鑑』

死に様から知る、偉人たちの奇妙な人柄

篠田達明

●新人物往来社
●2009年12月
●253ページ
●単行本は品切れ・重版未定。『日本史有名人の臨終カルテ』として文庫化

短命だった徳川家継から、96歳で大往生を遂げた牧野富太郎まで、日本史上の有名武将や名高い文豪など１１１名の病歴がカルテ風にまとめられている。その内容もミステリアスで興味深いのだが、高杉晋作は29歳、織田信長は49歳と、若くして他界していることを改めて知ると、自分の人生を振り返りたくもなる。自分が死んでも自由は死なないと言った板垣退助が83歳まで、葛飾北斎が90歳まで長生きしたのも、こうやって並ぶと不思議に感じられる。

著者は医師でもある作家の篠田達明氏ゆえ、医学的な記述はかなり専門的である。イボ痔だった戦国武将、穴山梅雪にはボラギノールを、高血圧性脳内出血の上杉謙信にはＣＴやＭＲＩによる精密検査をすすめているように、現在の医療技術が当時もあったなら、今の日本はどうなっていただろうかと想像したくなる。史実として考えられている死因にとらわれず、

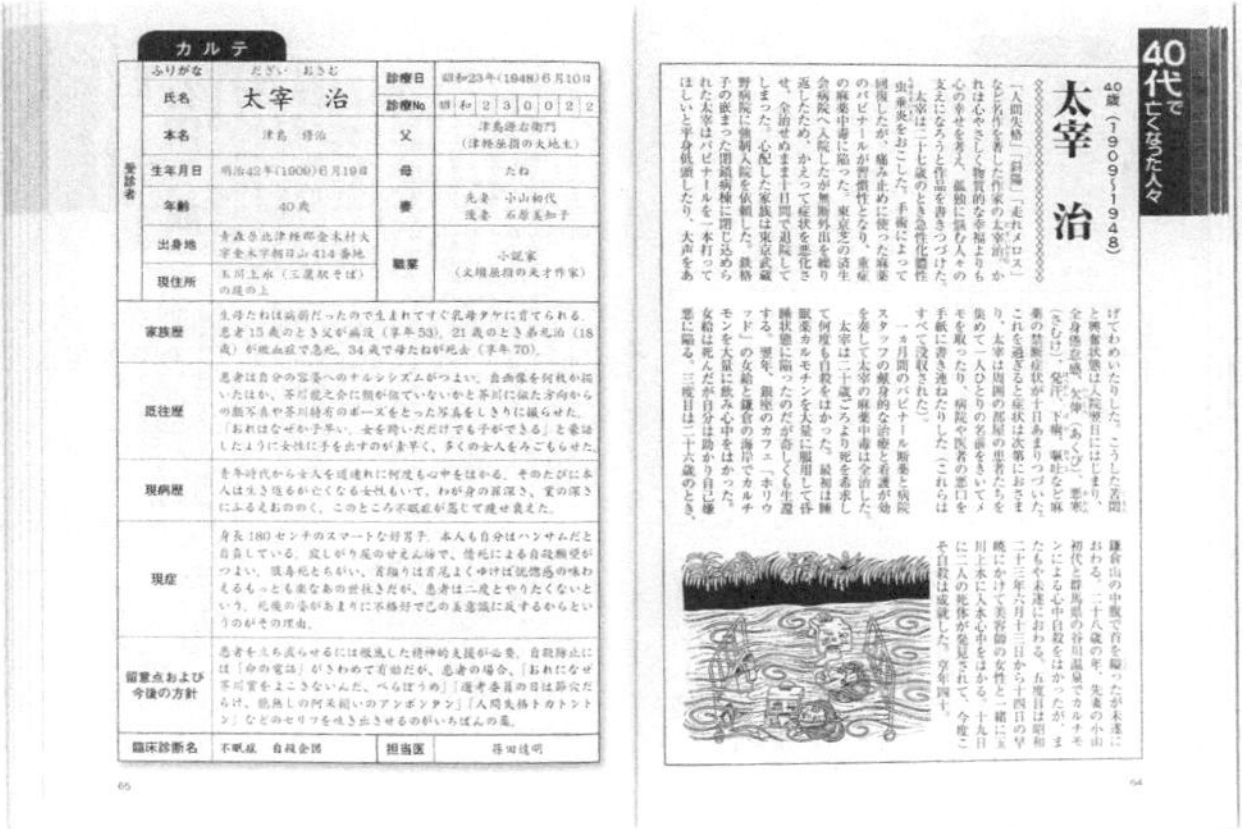

40代で亡くなった人々

太宰 治

40歳（1909〜1948）

「人間失格」「斜陽」「走れメロス」など名作を著した作家の太宰治。かれは心やさしく物質的な幸福よりも心の幸せを考え、孤独に悩む人々の支えになろうと作品を書きつづけた。

太宰は二十七歳のとき急性化膿性虫垂炎をおこした。手術によって回復したが、痛み止めに使った麻薬のパビナールが習慣性となり、重症の麻薬中毒に陥った。東京芝の済生会病院へ入院したが無断外出を繰り返したため、かえって症状を悪化させ、全治せぬまま十日間で退院してしまった。心配した家族は東京武蔵野病院に強制入院を依頼した。鉄格子の嵌まった閉鎖病棟に閉じ込められた太宰はパビナールを一本打ってほしいと平身低頭したり、大声をあげてわめいたりした。こうした苦悶と興奮状態は入院翌日にはじまり、全身倦怠感、欠伸（あくび）、悪寒（さむけ）、発汗、下痢、嘔吐など麻薬の禁断症状が十日あまりつづいた。これを過ぎると症状は次第におさまり、太宰は周囲の部屋の患者たちを集めて一人ひとりの名前をきいてメモを取ったり、病院や医者の悪口を手紙に書き連ねたりした（これらはすべて没収された）。

一ヵ月間のパビナール断薬と病院スタッフの献身的な治療と看護が効を奏して太宰の麻薬中毒は全治した。

太宰は二十歳ごろより死を希求して何度も自殺をはかった。最初は睡眠薬カルモチンを大量に服用して昏睡状態に陥ったのだが奇しくも生還する。翌年、銀座のカフェ「ホリウッド」の女給と鎌倉の海岸でカルチモンを大量に飲み心中をはかった。女給は死んだが自分は助かり自己嫌悪に陥る。三度目は二十六歳のとき、鎌倉山の中腹で首を縊ったが未遂におわる。二十八歳の年、先妻の小山初代と群馬県の谷川温泉でカルチモンによる心中自殺をはかったが、またもや未遂におわる。五度目は昭和二十三年六月十三日から十四日の早暁にかけて美容師の女性と一緒に玉川上水に入水心中をはかる。十九日に二人の死体が発見されて、今度こそ自殺は成就した。享年四十。

64

カルテ

受診者	ふりがな	だざい　おさむ	診療日	昭和23年（1948）6月10日
	氏名	太宰　治	診療No.	昭和230022
	本名	津島　修治	父	津島源右衛門（津軽屈指の大地主）
	生年月日	明治42年（1909）6月19日	母	たね
	年齢	40歳	妻	先妻　小山初代　後妻　石原美知子
	出身地	青森県北津軽郡金木村大字金木字朝日山414番地	職業	小説家（文壇屈指の天才作家）
	現住所	玉川上水（三鷹駅そば）の堤の上		
家族歴		生母たねは病弱だったので生まれてすぐ乳母タケに育てられる。患者15歳のとき父が病没（享年53）。21歳のとき弟礼治（18歳）が敗血症で急死。34歳で母たねが死去（享年70）。		
既往歴		患者は自分の容姿へのナルシシズムがつよい。自画像を何枚か描いたほか、芥川龍之介に顔が似ていないかと芥川に似た方向からの顔写真や芥川特有のポーズをとった写真をしきりに撮らせた。「おれはなぜか子早い。女を抱いただけでも子ができる」と豪語したように女性に手を出すのが素早く、多くの女人をみごもらせた。		
現病歴		青年時代から女人を道連れに何度も心中をはかる。そのたびに本人は生き残るが亡くなる女性もいて、わが身の罪深さ、業の深さにふるえおののく。このところ不眠症が高じて痩せ衰えた。		
現症		身長180センチのスマートな好男子。本人も自分はハンサムだと自負している。淋しがり屋のせえん坊で、情死による自殺願望がつよい。服毒死とちがい、首縊りは首尾よくゆけば恍惚感の味わえるもっとも楽なあの世往きだが、患者は二度とやりたくないという。死後の姿があまりに不格好で己の美意識に反するからというのがその理由。		
留意点および今後の方針		患者を立ち直らせるには徹底した精神的支援が必要。自殺防止には「命の電話」がきわめて有効だが、患者の場合、「おれになぜ芥川賞をよこさないんだ、べらぼうめ」「選考委員の目は節穴だらけ、能無しの阿呆揃いのアンポンタン」「人間失格トカトントン」などのセリフを吐き出させるのがいちばんの薬。		
臨床診断名		不眠症　自殺企図	担当医	蒋田達明

65

人柄や風貌なども考慮して、独自の死因判定をしている点もユニークだ。たとえば、52歳で他界した井原西鶴は肺結核だったと言われているが、著者は〈メタボリック・シンドロームによる動脈硬化が進んだ結果、脳卒中〉だと推察する。62歳で他界した空海には〈拒食症（尊厳死による即身成仏を希望）〉と記すなど、独自の臨床診断を下している。

文庫本にもなっているが、文庫版は著者に診断された人物の数が60名に減ってしまっているので、選べるなら親本である本書がおすすめだ。

新書サイズ比

縦21×横15×束幅2.2cm

楽しむための事典

『バンド臨終図巻』

速水健朗、円堂都司昭、栗原裕一郎、大山くまお、成松哲

あの解散劇の舞台裏

●河出書房新社
●2010年4月
●304ページ
●2,592円

バンドの解散理由は「音楽性の違い」とされることが多く、あまりにそれが紋切り型であるがゆえ、誰も信用していない。「所属事務所との対立」もよくある。実際のところはどうだったのかを調べ、まとめたのがこの図巻である。新旧そして洋邦を問わず、60年代から現代まで約２００のバンドの解散理由が並んでいる。〝バンド〟には、光ＧＥＮＪＩなどのアイドルや猿岩石といった芸人、制服向上委員会なども含まれているのがユニークで、活動を再開したサザンオールスターズやウルフルズについては、それぞれ２００８年と２００９年の活動停止に関する記述がある。

クリームを〈解散の萌芽は、結成時からすでに生まれていた〉とばっさりと斬り、トトについて〈30年以上にわたる歴史に幕を閉じた。と思われたが〉とバンドにありがちな紆余曲折を

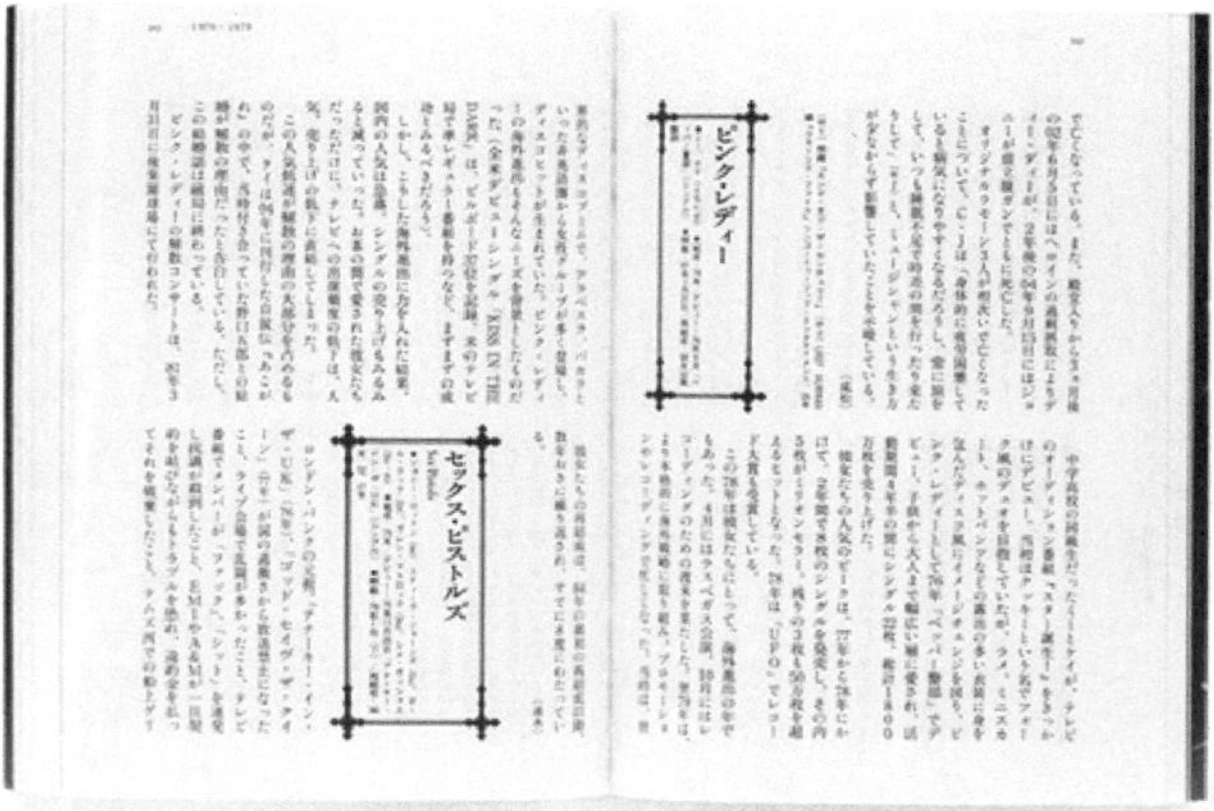

実に見事に表現している。中には、バンドの解散理由には言及せず、淡々と時系列に沿ってのメンバーチェンジが記されている項目もあるが、そこに5人の執筆者の関心の濃淡が表れているように感じられる。

　タイトルは山田風太郎の『人間臨終図巻』にインスパイアされたものだろうと思っていたら、速水健朗氏による「はじめに」にその旨が明記されていた。洋の東西が整理されていないのもそれに倣っているという。面白がってつくっているのがよく伝わってくる。

新書サイズ比

縦18.8×横13×束幅2.8cm

『かんさい絵ことば辞典』

ニシワキタダシ（著）／早川卓馬（コラム）

関西はこれからのトレンドである

●パイインターナショナル
●2014年4月
●208ページ
●1,026円

東京では、次第に関西の言葉が市民権を得つつある。平日午後にテレビをつけて、関西で制作されているワイドショウ『情報ライブ　ミヤネ屋』が流れても違和感がなくなった。これからは東京者も関西ことばをたしなむべきなのかもしれない。ただ、関西の外で暮らす人間にとって関西の言葉は外国語である。真似るのは楽しいし、単語をひとつ覚えれば関西の人の気持ちに一歩近付けたのではないかと嬉しくなるが、ネイティブクラスになるのは難しい。しかし、関西の言葉は、ふわっとして耳当たりがよく、込み入った話でもやさしく聞こえ、聞き手に「理解できた」という満足度を与えるという特性を持っている。

この辞典はその憧れの関西ことばを、なんともゆるくどこか懐かしいイラストと共に一コマ漫画のように解説している。関西ことばにはアクセントの傍点があるのもいい。クイズや

双六《すごろく》など、楽しく関西文化を学べるような工夫もされている。遊び心満載の一冊だ。

大阪都構想の是非をめぐる住民投票以降、大阪は意気消沈して見える。外からそう見えるだけでなく、内側にいる人たちもそれを感じているようだ。いわば「橋下ロス」といった趣だ。しかし、東京に暮らす人間としては、勝手ながら大阪、そして関西にはいつも元気でいてほしい。そんなエールの気持ちも込めて、おすすめする。

なお、辞典には「橋下ロス」は収録されていない。

新書サイズ比

縦18.8×横13×束幅2.3cm

『たべもの起源事典　日本編』

全国津々浦々の、洋食から郷土料理まで

岡田哲

●筑摩書房
●2013年5月
●816ページ
●2,376円

和食、洋食、和菓子にいたるまで、日本の食べ物が、五十音順に約１３００ずらりと並べられている。この事典はその起源をたどる本であるが、食の歴史をひもとくと同時に、地理的な知識も深められる一冊だ。というのも、全国共通で食べられているものに限らず、実に多種多様な郷土料理について解説されているからである。

頻出する食べ物に、鮨と餅があるが、地方ごとの特徴まで網羅されている。江戸前のにぎり鮨に対して、大阪では箱ずし、蒸しずし、バッテラなど加工ずしの総称を「大阪ずし」と呼ぶ。北海道では鮭鮓《さけずし》、京都には鯖鮨、静岡の三保《みほ》地方にはすこね鮨、三重には手こね鮨がある。餅も同様に、山梨の笹子餅、京都の祇園稚児《ちご》餅、福岡の梅《うめ》が枝《え》餅などがあり、文字を追うだけで頬がほころぶ。

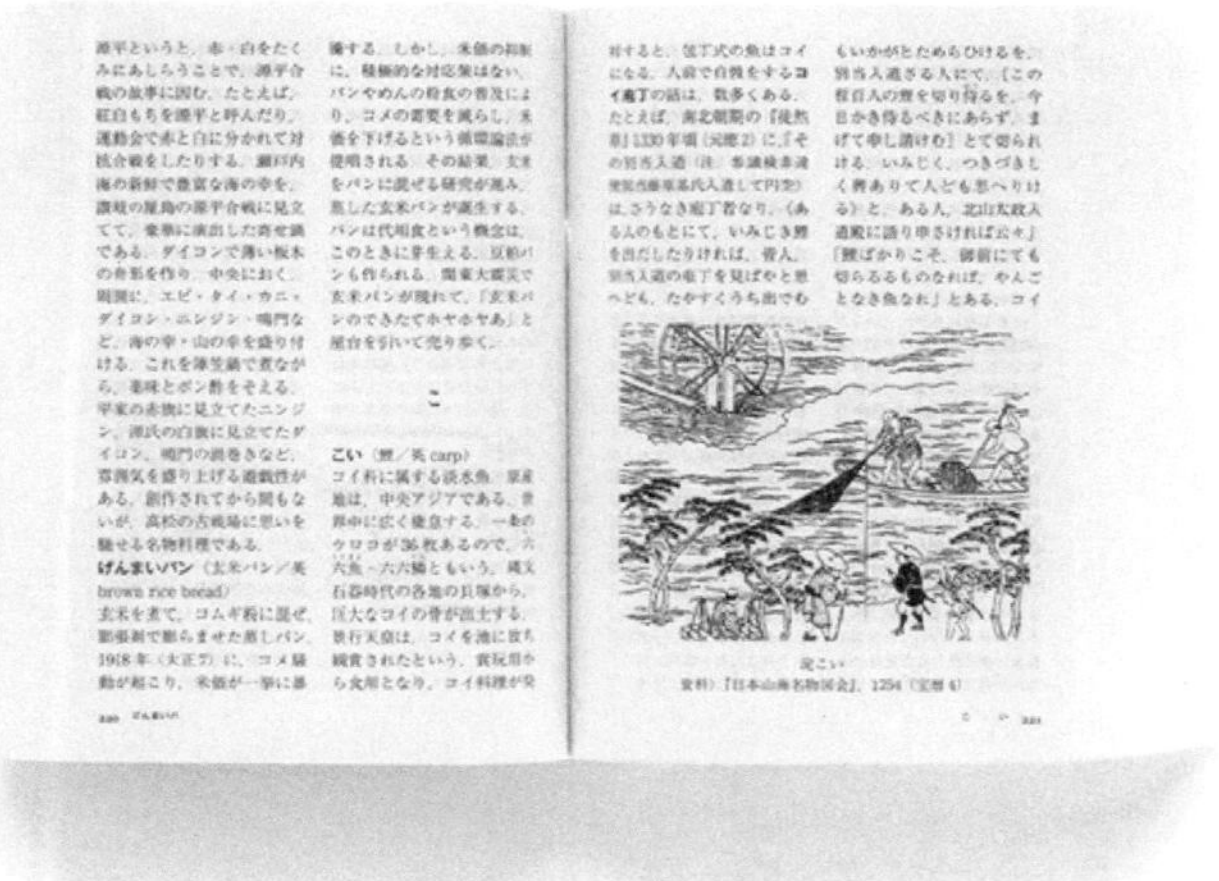

明治以降、外国から入ってきて根付いた食べ物も多い。たとえばパン。銀座・木村屋があんぱん、ジャムパンを生み出せば、新宿・中村屋はクリームパンを考案し、日本にパン文化が定着するようになったという。どれも生地とフィリングの比率は3対2が理想的。

項目数とページ数のわりには、驚くほどすいすいと読める。郷土料理の豊かさ、明治以降の食の変化がすっと頭に入っていく。

『世界編』もあるが、断然おすすめはこの日本編。知っている食べ物について改めて読むのが楽しいのである。

新書サイズ比

縦14.8×横10.6×
束幅3.6cm

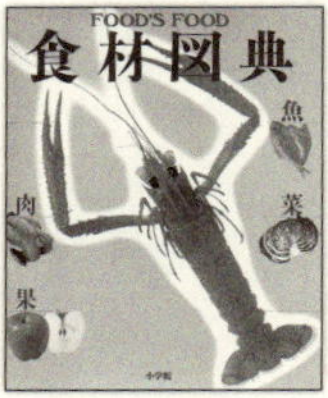

『食材図典』
読む「食の見本市」

●小学館
●1995年2月
●384ページ
●本書は絶版だが、2003年に『新版 食材図典 生鮮食材編』として全面リニューアル

英語で付けられたサブタイトルがwho's whoならぬ〝FOOD'S FOOD〟であるところからして、ポップで洒落ている。

これまでいろいろ見てきたような動植物の図鑑と異なるのは、食べることに主眼が置かれていることだ。食べられないものは掲載されていない。写真も豊富で、農業協同組合や個人農園、食品メーカーなど、提供者リストの長さに恐れ入る気持ちになる。もちろん撮り下ろしもあり、また、イラストの描き下ろしもあり、見ていて楽しい図典である。調理のプロ、栄養士、スーパーなどの生鮮食料品売場の担当者、それからもちろん、食に興味のある人にはぜひ手元に置いてもらいたい一冊である。実はボクよりも、妻がキッチンで活用している。

索引は和文、欧文のほか、漢字の画数によるものが用意されている。仮にその食材を読め

なくても、それが掲載されているページにたどり着けるようにという配慮だろう。このあたりはさすが『新選漢和辞典』など数々の辞典を刊行している小学館といったところだ。たとえば魚だと、「北海物」「三陸物」「瀬戸内物」など、工夫された分類もいい。

　このオリジナルは1995年のものだが、2003年に『新版』として生鮮食材編が、その後『2』として納豆や干物、漬け物などの加工食材編が、『3』として地産食材編が刊行されている。

縦25.8×横20.8×
束幅2.6cm

おいしい事典

『世界チーズ大図鑑』

ジュリエット・ハーバット（監修）

ページをめくるだけでワインが進む

●柴田書店
●2011年1月
●352ページ
●3,780円

ボクが最も好きなチーズは、フランスのエポワス・ド・ブルゴーニュである。匂いが強烈なので苦手に感じる人もいるかもしれないが、それさえ我慢できればこれほどおいしいチーズもないのではないか。温めてから外皮の部分を削って柔らかい部分を露出させ、スプーンですくってバケットなどに載せたりして食すのがおすすめだ。

モッツァレラなら、モッツァレッラ・ディ・ブッファラがいい。日本で流通しているモッツァレラには、乳牛の乳を使ったものもあるようだが、これは正真正銘、水牛の乳を使っている。バルサミコでトマトと和《あ》えてカプレーゼにすると抜群である。

語り出したらきりがないチーズについて、ニュージーランド出身のチーズエキスパートが、25カ国の750種類以上をまとめたのがこの大図鑑である。チーズというと白から黄色、あ

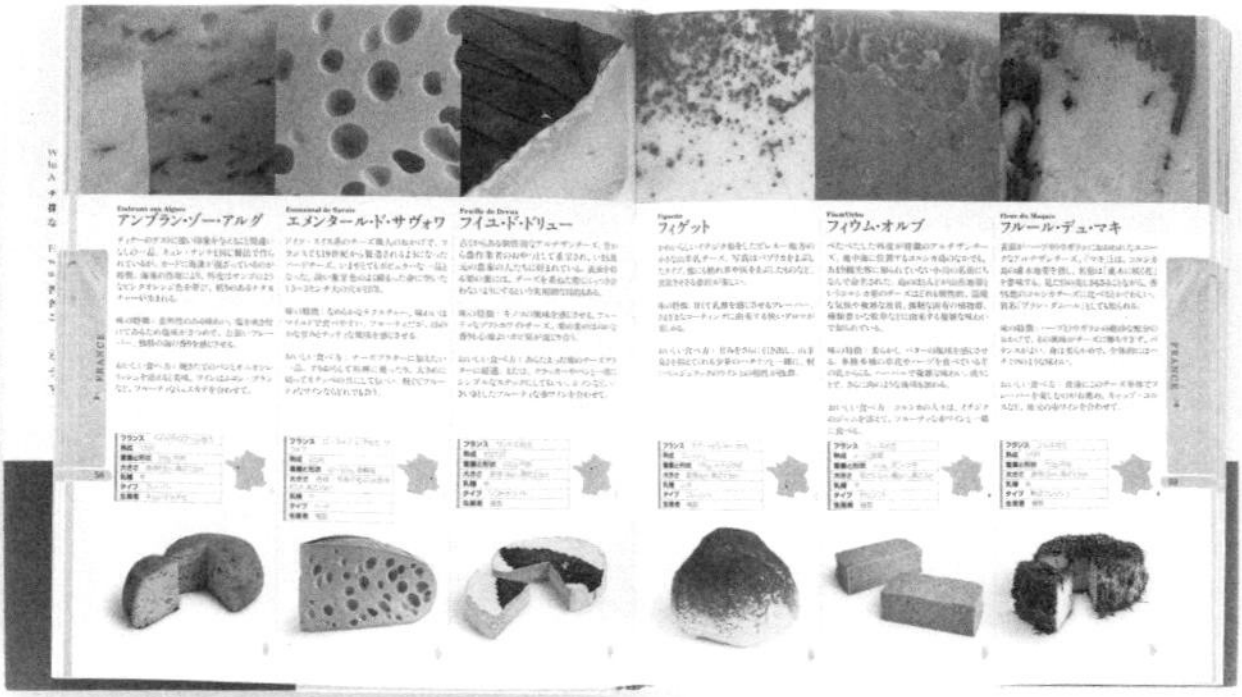

るいは山吹色のものが思い浮かぶが、断面の写真を見ると、まったく同じ色と質感のチーズがないことに驚かされ、まだまだ世界には食べたことのないチーズがあることを思い知らされる。写真には名称、由来、原産地、熟成期間、乳種、タイプ、重さと形、かびつけの有無、生産者、そしておいしい食べ方などが添えられる。イタリア料理店で目にしたこともあり、家庭だけでなくプロでも活用できる一冊なのだろう。

桜の花の塩漬けをあしらった北海道の「さくら」など、日本のチーズもわずかだが掲載されている。

新書サイズ比

縦23.5×横19.2×束幅2.2cm

おいしい事典

・価格は消費税込みです。
・新書サイズ比の寸法については、アマゾンの書誌情報を参照しました。

第3章　事典はいかにしてつくられているか

事典を読んでいると、つくり手に興味が湧いてくる。いったい誰がこのテーマを選び、どうやってアイデアを形にし、価格と部数を設定して、世に送り出しているのかに興味を持ってしまうのだ。

すでに紹介してきた通り、事典は様々な分野でつくられている。事典があることでその分野の存在に気づかされるくらい、ニッチなところを狙ったものもある。そして事典は、一般の書籍よりたいてい厚く、文字や図版が多い。図版が多いものの中には、奇想天外なトリミングやレイアウトがされているものもある。そして、価格と部数。決して安くはなく、ニッチであればあるほど部数も期待できない事典を、どうやってビジネスにしているのか。そういったことを、事典を多く手がけている、ある出版社に訊《たず》ねてみることにした。「読む事典」のことを聞くならここしかないという、あの会社である。

良い装丁のために、本の表紙に樹皮を使用

図鑑なのに22万部を超えた大ヒット作『世界で一番美しい元素図鑑』、ボクの大好きな『暗号解読事典』、扉に本物の樹皮を採用した『世界で一番美しい樹皮図鑑』。この３冊にはふたつの共通点がある。とても面白い本であることと、版元が創元社であることだ。

創元社というとエラリー・クイーンや鮎川哲也のミステリーや、『星を継ぐもの』『わたしはロボット』などのＳＦという印象が強いが、それは創元社からスピンアウトした「東京創元社」で、東京を冠さない創元社のほうは大阪・淀屋橋《よどやばし》の御霊《ごりょう》神社のすぐ近くに本社を構えている。

その創元社にお邪魔した。もちろん、どうやってこんなに面白い図鑑・事典をつくっているのか、その謎を探るためである。謎を解くにはその歴史を知る必要がある。

創元社は明治25（１８９２）年創業とされている。当時の商いは書店。それが、大正12年（１９２３）年の関東大震災によって東京から関西へ拠点を移す作家が相次いだことがきっ

かけで、大正14（1925）年に出版部門を設立した。当時のベストセラーには谷崎潤一郎の『春琴抄』や横光利一の『時計』などがある。

矢部敬一社長が紐を解き、箱を開いて取り出した『春琴抄』は、表紙が赤くつやつやしている。

「漆塗りです」

表紙が漆塗りの本、初めて見たと思います。この春琴抄は何十万部というヒット作だが、塗った漆が乾くのを何十日も待って出荷していたそうである。手にしてみると、なるほど漆という懐かしさが感じられる。ただ、漆ならまだわからなくもない。その隣にあるピカピカしたものは何ですか。

朱色に漆が塗られた『春琴抄』

「アルミです」

横光利一の『時計』の表紙は、アルミ製なのである。

当時の文芸書は装丁に凝っていたそうなのだが、それにしても凝りすぎではないだろうか。

「こういうものもあります」

かつての電話帳をしのぐほど重くて厚い一冊である。それらの数字以上に重厚感のある革の装丁をまとっているのは、『池長孟蒐集品図録・邦彩蛮華大宝鑑』である。神戸生まれの美術品蒐集家である池長孟《いけながはじめ》氏の、昭和９（１９３４）年発売のコレクションブックなのだが、これが一般の書店に並ぶ姿は想像できない。良くできた映画の小道具のようなのである。

「コレクションは神戸市立博物館に寄付されていますが、この本も、市立博物館とウチでしか見たことがありません」

穏やかながらも、熱く事典づくりを語る矢部社長（右）とシニアエディター・山口氏（左）

創元社は、すごいを超えて、すさまじい本をつくってきた出版社なのである。

だから、初めて見たときに衝撃のあまり椅子から転げ落ちそうになった『世界で一番美しい樹皮図鑑』の表紙に本物の樹の皮を使うことも、創元社にとっては当たり前のことなのだろう。

「これはけっこう、大変でしたね。あまり面積を大きくすると反ったりエッジが欠けたりするので、これが最大の大きさです」

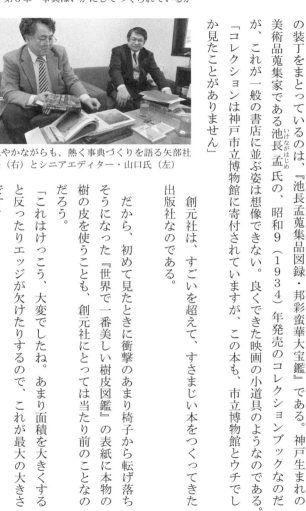

こだわり抜いた『樹皮図鑑』は反響が大きかった一冊

カバーには、秋田県角館産の本物の樹皮が張り付けられている

この図鑑は、海外で出版されたものの翻訳書であるが、もともとの本の装丁はここまで凝っていない。

「この樹皮は秋田県の角館《かくのだて》産なのですが、生産量が決まっているそうで、数を確保するのが大変でした。装丁家と編集者と私とで角館に出向いて、交渉には1年間くらいかかったと記憶しています」

1年間というのは長い。構想何年、執筆何年という大作や国語事典などは例外だが、納得のいく装丁のためにそれだけの時間をかけるという話は聞いたことがない。

「良書を良い装丁で。社内ではずっと言ってきていることです」

どんなジャンルにも必ず読者はいる

創立以来、文芸書を手がけてきた創元社はその後、大学用の心理学の教科書や選書も手がけるようになっていく。昭和33（１９５８）年には、いまだおすすめの自己啓発書にこの一冊を挙げる人が絶えないデール・カーネギーの『人を動かす』を刊行した。その創元社が、今のように事典・図鑑を数多く刊行するようになるまでには、３冊の先駆者の存在がある。

まず一冊は『地図と絵画で読む 聖書大百科』である。教会関係者のニーズを見込んで平成20（２００８）年に刊行されたこのビジュアル本は、大きい。サイズは３３８×２６０ミリだからＢ４判であり、ページ数は５７６もある。価格は3万４５６０円也（税込み）。矢部社長も「こんなに大きいの売れるのかなあ」と思っていたそうだが、「全部売れたので、ひょっとして、どんなジャンルにも、最低１０００人くらいは一定の読者の方はいらっしゃるのかなと思いました」。

好評を博したこの聖書大百科は、平成25（２０１３）年には判型を小さくした普及版（といってもＢ５判で３５２ページ）にもなった。

成毛：『赤の書』は、ベスト・オブ・飾れる事典！

つぎの一冊は『赤の書』。２０１０年に刊行されたこの本の著者はＣ・Ｇ・ユング。心理学の大家である。１９６１年に亡くなったユングが生前書き留めていた文章、そして描き溜めていた絵がある。その情報に接し、現物の完全コピーを見たのは刊行の10年ほど前にさかのぼるという。場所はフランクフルト。フランクフルトでは毎年秋に、世界最大の書籍見本市が開催される。日本の出版社の編集者はそこへ出かけていっては、翻訳したら日本でもヒットしそうな本を探している。そこで矢部社長の目の前でユングの親族であるＵ・ヘルニィ氏が鞄からそっと取り出したのが、関係者以外誰も見たことのないファミリア版であった。

日本語版の刊行は即決。その後、７～８年間、ユングの末裔である版権の持ち主から音沙汰がない時期を経て、２０１０年６月刊行の運びとなった。10年越しの作品である。よく諦めなかったものだ。

ワン・ディケイドを経て誕生した赤の書はタイトルにふさわしい色の装丁で、現物サイズに合わせたためＡ３判変形と巨大でお値段は税別で４万円。ただ、この価格が安いと思ってしまうくらい美しい〝図鑑〟だ。この存在を知らなかったことを本好きとして恥じたくなる。書店でも見かける機会がなかった。

「書店さんからは、そんなものを置く場所はないからＡ５判とかＢ５判を超えるようなものはつくらんといてくれ、と言われることもありました」

が、心理学者や精神科医、そして芸術家からも評価されたこの本は、３刷にまで達した。３刷とはつまり、市場から2回アンコールがかかったことを意味する。やはりこの分野にも、この価格でも、そしてこの判型でも、読者はいるのである。

創元社はこの２０１０年、もう一冊の特筆すべき図鑑を発売している。それが『世界で一番美しい元素図鑑』である。すでに23万部を突破したという堂々のベストセラーは、デラックス版、カレンダー、ジグソーパズル、マグネット、ポストカードとラインナップを拡充している。

この図鑑との出合いも、ブックフェア。しかも偶然だったという。これまでの実績からも明らかなように、創元社は人文科学系の出版社だ。ブックフェアでも人文系の書籍を中心に

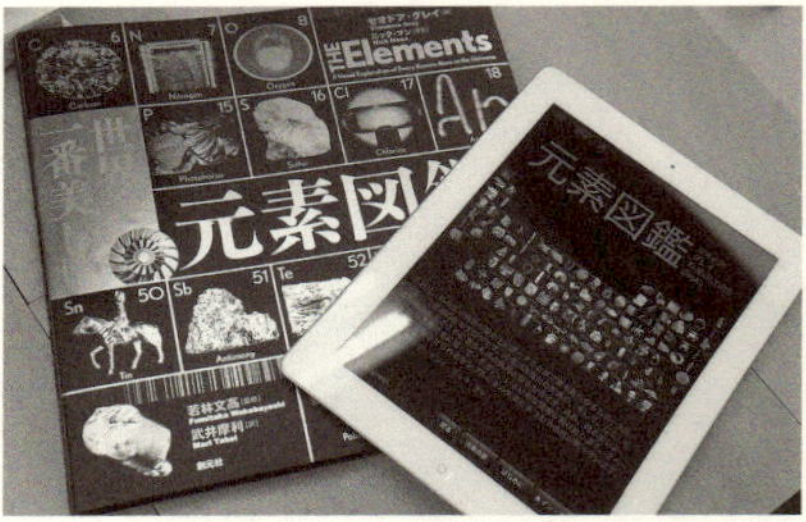

『世界で一番美しい元素図鑑』は、筆者の周りでも所有者が多い作品

検分するのが常だが、ふとこの図鑑の原書が目に入った。

「これはうちでやるとその場で決めました。滅多にないことですが、それだけ出来が飛び抜けていました」

　日本語版の発売は２０１０年10月。ところがこの少し前に、あるものが発売されてしまう。『元素図鑑：The Elements』、ｉＰａｄ版の元素図鑑である。書籍版とまったく同じ内容のものが、電子版で先にリリースされたのだ。そしてこれは、ｉＰａｄのキラーコンテンツのひとつとなった。ちなみに作者のセオドア・グレイは、スティーブ・ジョブズと一緒に仕事をした時期がある。

「電子版を先に出されたら売れなくなってしまうと脅威に感じていたのですが、どうしてもと押し切られてしまいました。ところが、このアプリの評判が良くて、紙を出したときにも追い風になりました。電子と紙は共存できるということを、そのとき初めて学びました」

　書籍版も売れて本当に良かった。そう思うのは、これを機に創元社は自然科学系の事典や図鑑の出版にも積極的になったからだ。冒頭に挙げた『暗号解読事典』もそれから『世界で一番美しい樹皮図鑑』も、『世界で一番美しい元素図鑑』の後に手がけられたものである。原書のタイトルには事典や図鑑の要素がなくても、翻訳後のタイトルには事典や図鑑の文字を入れることが多いそうだ。

ただ、事典や図鑑を名乗るからにはあれが欠かせない。

「索引に王道なし、です」

創元社のシニアエディター・山口泰生さんによる名言に唸らされる。

「索引は正しくて当たり前なので、間違っていたときに文句を言われるだけの存在ですし、それに、本づくりの最後の作業になるので……永遠に楽にならない作業です」

しかし、その索引があるから、事典や図鑑は一般書とは違う存在感を持つのである。

構想から数年かかるのは当たり前

創元社では現在、翻訳書だけでなく日本発の自然科学系事典・図鑑もつくるようになっている。たとえば『レンチキュラーレンズで見る３Ｄ組織病理図鑑』がそれである。どんな図鑑であるのかについては、創元社のサイトにある紹介文を借りることにする。

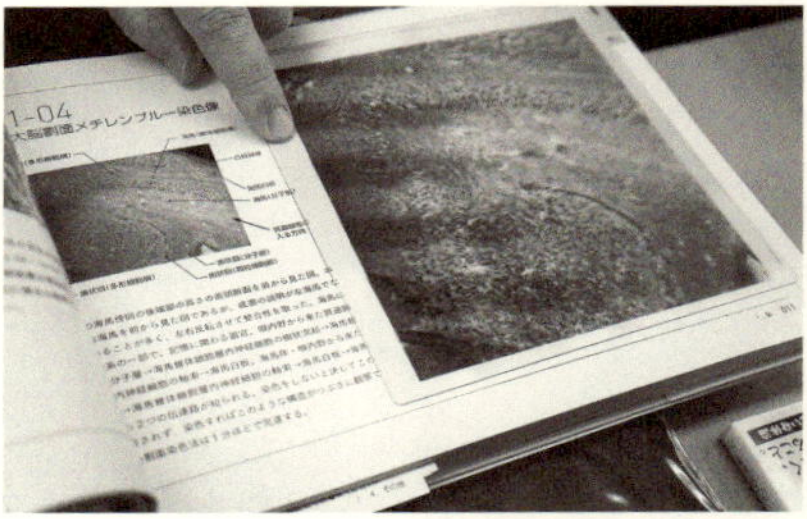

付属のシート状のレンズで立体的に体内組織を観る。ジャンル的には医学書だが、美しい写真集のよう

〈これまでにないレンチキュラーレンズを用いた3D人体組織画像集。新開発の割面染色法によって、従来の薄切切片による染色標本では認識できなかった組織割面の立体構造が観察できる。脳から皮膚、消化器系から内分泌系、生殖器まで、全身の臓器・組織を正常から腫瘍、感染症・寄生虫まで含めて網羅。生物顕微鏡観察を超えた体験ができ、楽しみながら組織学を学習できる。医師、看護学生、コメディカル、生物学専攻の学生にもお勧め。〉

ひとことで言えば、非常にマニアックな図鑑である。企画から発行までかけた時間はというと「これはそれほどでもないです。3年くらいですね」と山口さん。

さらりと言うが、やはり、3年というのは長い。ボクはこれまで何冊か本を出してきたが、そんなに時間をかけてつくったことは一度もない。

それにしても、人体組織画像の図鑑をつくろうという発想はどこから生まれてくるのか。その質問には矢部社長が答えてくれる。

「我々はこちらのほう（＝自然科学系）をやってこなかった素人なので、素人の目から見て面白いものをと思ってやっています。基本的には、今はないものをつくろう、突出したものをつくろうと考えています」

しかし、だ。書店には棚というものがある。文芸書の棚、ノンフィクションの棚、ビジネス書の棚、児童書の棚。買う側もだいたいこの辺りにあるだろうと目当ての本を探しに行く。では、創元社のそれまではなかった分野の事典や図鑑はどこの棚に置かれているのか。人体組織画像は医学書の棚かもしれないが、暗号は？　樹皮は？　元素は？　書店でこれらに出合いやすいよう、できれば大人向けの事典や図鑑は見つけやすいようまとめて置いてほしいのだが、それができる書店は多くないはずだ。サイズも大きいし。

「営業からは『また違うジャンルのものをつくって……』と怒られます」と矢部社長が苦笑いすれば、山口さんも「営業が強い会社だったらもっと傾向を絞り込めと言われるので、この程度の規模の会社でこんなに手広くやるのはとても難しいです」という。

まだ世の中にないものを、素人視点を忘れない編集者が自在に企画する。これが、創元社による良き装丁の面白い事典や図鑑の源泉なのだ。

（２０１５年４月　大阪・創元社本社にて）

あとがき

「えっ、創元社に取材したんですか。それはスクープですよ」

図鑑を何冊か手がけてきた編集者に言われて驚いた。なんでも、第3章で実に興味深い話をしてくれた創元社は、出版業界の中では、なかなか取材に応じない出版社という位置づけらしいのだ。

そんなこととはつゆ知らず、この本の担当編集者の三野知里さんと「面白い事典をつくっている出版社を取材しよう」と同社に依頼し、お邪魔して話を伺ってきてしまった。その道のプロがためらうようなことも何の気なしにぬけぬけやってしまう、これが素人の強みだと思う。もしボクが事典や辞書の専門家であったなら、取材は断られていたかもしれない。ともあれ、いろいろと教えてくださった創元社の矢部敬一社長、シニアエディターの山口泰生さんにはここで改めて感謝申し上げる。

お二人へ取材するまでの道を開いてくれたのは、ボクがこれまで読んできた、そしてこの本でも紹介した事典の数々だ。事典の面白さを教えてくれたのは事典そのものだし、それが事典をつくっている人への興味をかきたてた。

食べ歩きが好きな人ならピンと来るだろう。最初は食べ物そのものに興味を持っていたのが、だんだんと、食材や作り手にまで興味が広がってしまい、そしてそれを知っていくのが楽しくなるようなものだ。いわゆる、ハマるというやつである。もしこれが、誰かから「食材についてレポートをまとめよ」と課せられた課題であったら、まったく面白くない。自分から興味を持つことで、その探求が楽しくなるのである。そうでなければ何事も楽しめまい。

では、興味を持ち、楽しむきっかけはどこで得ればいいかというと、食なら毎日の食事であるし、教養といわれるものであるならば、繰り返し書いてきたように事典である。素人である我々読者に、自発的に知りたくなる世界への窓を開いているのが事典なのだ。

それゆえ、「最高の教養本は『事典』である」ことに間違いはない。そして事典は、思いもよらないものにハマる機会を与えてくれる存在であること、すなわち「最高のチャンスメーカーは『事典』である」ことも確かである。

ここで紹介した事典が一冊でも、お手にとられた皆様の教養や人生をより深めるものになれば幸いである。

成毛眞（なるけまこと）
1955年北海道生まれ。中央大学商学部卒業。自動車部品メーカー、株式会社アスキーなどを経て、1986年マイクロソフト株式会社入社。1991年、同社代表取締役社長に就任。2000年に退社後、投資コンサルティング会社「インスパイア」を設立。現在は、スルガ銀行社外取締役、書評サイト「HONZ」代表も務める。『面白い本』（岩波新書）、『本棚にもルールがある』（ダイヤモンド社）、『情熱の仕事学』（日経BP社）、『国立科学博物館のひみつ』（共著、ブックマン社）など著書多数。

教養《きょうよう》は「事典《じてん》」で磨《みが》け　ネットではできない「知《ち》の技法《ぎほう》」

2015年8月20日初版1刷発行

著　者 ── 成毛　眞
発行者 ── 駒井　稔
装　幀 ── アラン・チャン
印刷所 ── 堀内印刷
製本所 ── 関川製本
発行所 ── 株式会社光文社
東京都文京区音羽1-16-6（〒112-8011）
http://www.kobunsha.com/
電　話 ── 編集部03(5395)8289　書籍販売部03(5395)8116
業務部03(5395)8125
メール ── sinsyo@kobunsha.com

ISBN 978-4-334-03871-7

768
教養は「事典」で磨け
ネットではできない「知の技法」
成毛眞
辞書・辞典・事典・図鑑。これらは子どもの調べもののためではなく、大人が読んでこそ面白い「本」である。おすすめの作品を紹介しつつ、他の本にはない知的活用法を教える。
978-4-334-03871-7

769
薬を使わない薬剤師の
「やめる」健康法
宇多川久美子
健康のために何かを「する」ことで、不健康になるのはなぜ？「足し算」ではなく「引き算」が、健康と幸せを引き寄せる！運動、食事、日常の小さな習慣で自然治癒力を高める方法。
978-4-334-03872-4

770
はじめての不倫学
「社会問題」として考える
坂爪真吾
「不倫」を「個人の問題」ではなく、「社会の問題」として捉えなおすことによって、「不倫」の予防と回避のための智恵と手段を伝授する。本邦初の実践的不倫学！
978-4-334-03873-1

771
メカニックデザイナーの仕事論
ヤッターマン、ガンダムを描いた職人
大河原邦男
「私が心掛けているのは、たとえアニメの世界であったとしても『嘘のないデザイン』をすることです」——日本初のメカニックデザイナーが語る、デザイン論、職人論、営業論。
978-4-334-03874-8

772
昆虫はもっとすごい
丸山宗利
養老孟司
中瀬悠太
アリの巣に居候しタダ飯を食らうハネカクシ、交尾だけに生きるネジレバネ、全く意味の分からない形をしたツノゼミ……。虫たちの面白き生態を最強の〝虫屋〟トリオが語りつくす!!
978-4-334-03875-5